STATISTIQUE

DES

LIBERTÉS DE L'EUROPE

EN 1829.

PARIS. — IMPRIMERIE DE FAIN,
rue Racine, n°. 4, place de l'Odéon.

STATISTIQUE

DES

LIBERTÉS DE L'EUROPE

EN 1829.

PAR M. DE PRADT,

ANCIEN ARCHEVÊQUE DE MALINES.

PARIS.

CHEZ A.-J. DÉNAIN,

ACQUÉREUR DU FONDS DE DÉTAIL DE A. DUPONT ET Cie.

RUE VIVIENNE, No. 16.

1829.

PRÉFACE.

Dans un écrit publié dans le cours de 1828, j'ai établi, 1°. qu'il n'y avait plus en Europe que deux puissances prépondérantes, l'Angleterre et la Russie; 2°. que l'accroissement de la puissance russe partageait l'Europe en deux contrées, l'Orient et l'Occident; 3°. que ce partage créait pour l'Occident, la nécessité d'un système permanent, défensif contre l'Orient!

L'issue de la campagne de 1828 a

prêté à beaucoup de dénégations contre la réalité du pouvoir que j'assignais à la Russie : effet ordinaire des exagérations! on avait trop attendu de cette campagne; l'attente trompée s'est rejetée à l'extrémité opposée. En voyant tomber quelques feuilles de l'arbre, on a conclu qu'il manquait de racines. Il importe de rétablir les choses dans l'ordre créé par la raison; toute erreur, dans une matière aussi grave, peut avoir des suites funestes.

Distinguons trois choses : 1°. la puissance russe elle-même; 2°. si cette puissance a été diminuée par le fait de la campagne de 1828; 3°. si elle peut l'être par le fait même de la guerre actuelle? Quant à la première question, je ne puis que renvoyer à ce qui a été dit dans l'écrit de 1828. La Russie est aujourd'hui ce qu'elle était hier, c'est-à-dire le plus grand pouvoir politique que le monde ait encore supporté : si, à Paris, cette dure vérité rencontre des contradictions, je suis bien sûr, pour elle, de l'assentiment de Londres et de Vienne, et des profondes terreurs qu'elle y fait ressentir pour l'avenir.

1°. Non-seulement la puissance russe n'a pas été entamée par la campagne de 1828 ; mais elle a été augmentée, 1°. en Asie, par l'occupation de plusieurs pachaliks, et par celle de tout le littoral oriental de la mer Noire ; 2°. en Europe, par l'occupation de la Moldavie, de la Valachie, de Brailow et de Varna, ainsi que par la possession de toute la partie de la Bulgarie, qui s'étend du Danube à Varna. Loin de décroître, le territoire russe a donc augmenté. La campagne de 1829 apprendra l'importance de ces acquisitions. En Asie, une armée russe partant du voisinage d'Erzérum; en Europe, la grande armée partant de Varna, et ouvrant la campagne en arrière de Schumla, et recevant ses subsistances par Varna, et par le littoral de la mer Noire : certes, ce n'est pas là avoir rétrogradé.

3°. Comment la puissance russe diminuerait-elle par l'effet de la guerre? Serait-ce par les pertes que la Turquie lui ferait éprouver? Quelles peuvent-elles être? Voyez l'inégalité des forces respectives. La Turquie compte vingt millions d'hommes, divers de race, de mœurs, de langues, de religion, d'intérêts : la Russie possède, en Europe seulement, quarante-deux millions d'habitans homogènes sous ces mêmes rapports. Mahmoud peut-il renverser la Russie et marcher à Pétersbourg, comme Nicolas peut renverser l'empire ottoman et forcer le chemin de Bysance? Les Turcs peuvent-ils seulement hasarder une bataille rangée contre les Russes? Ne sont-ils pas réduits à la guerre défensive, heureux de mettre à profit les remparts dont la nature a hérissé leurs frontières, pour faire consumer derrière ces abris, un temps précieux à leurs ennemis? La Russie ne peut donc pas être blessée par la Turquie : en quoi donc, cette guerre peut-elle affaiblir sa puissance? Par les hommes et les finances? Quant aux hommes, les pertes que les armées sont toujours destinées à éprouver, ne font rien au fond même de la puissance, quand il y a moyen de les remplacer. Ainsi, pendant vingt ans, la France a fait des campagnes bien dispendieuses en hommes; ces pertes empêchaient-elles qu'en 1810, elle ne fut maîtresse sur le continent? De même pour l'Autriche : pendant le même espace de temps, quelles pertes n'a-t-elle pas essuyées! Empêchaient-elles que chaque année elle ne reparût sur les champs de bataille?

Après tous ses revers, à Wagram, en 1813, 1814, 1815, s'apercevait-on chez elle d'une diminution de forces? La Russie a perdu cinquante mille hommes en 1828; si elle en a levé deux cent mille pour 1829, si elle peut continuer ainsi pendant un long cours d'années, par où paraîtra-t-il qu'elle soit affaiblie? La guerre affaiblit-elle réellement un grand état? n'ajoute-t-elle pas à sa force, par celle que l'exercice prête à ses bras, qui sont les armées? et celles-ci, à leur tour, ne ressemblent-elles pas au fer qui se rouille dans le fourreau, et qui s'épure et se polit par l'usage? Le czar Pierre fit une triste campagne sur le Pruth. A-t-elle empêché la Russie de s'élever au point où nous la voyons? Elle n'a pas de grandes finances. Quel état en Europe a des finances de guerre? elles suffisent à peine pour la paix. Cette année même, la France, la riche France a-t-elle pu faire une faible expédition en Morée, sans recourir à une inscription de rentes, c'est-à-dire à un emprunt de 80,000,000 fr.?

L'Angleterre fait-elle autrement? Toutes les fois qu'un état peut montrer 6 p. 100 d'intérêts bien assurés, n'est-il pas sûr de trouver 100? Reste donc à savoir combien de temps la Russie pourra payer les 6 p. 100; quand cela finit-il dans un très-grand état? Pour faire la guerre, la Russie a besoin de moins de numéraire que tout autre état; car elle possède un matériel de guerre inépuisable, et à très-bon marché, comme les chevaux, le bétail, le fer, les grains. Des hommes se croient bien habiles en découvrant de prétendus complots dans l'armée russe, comme causes des derniers revers; et voilà que l'on apprend, que, dans tout l'empire, tout conspire pour soutenir le souverain et terrasser l'ennemi. D'ailleurs, si la Russie n'est pas riche en argent, est-ce donc que la Turquie l'est davantage? La Turquie a-t-elle la ressource des emprunts? La puissance russe n'a donc été atteinte en aucune manière par le résultat de la campagne de 1828. Elle subsiste pleine et entière; elle est en voie de s'accroître par les succès que la campagne de 1829 lui promettent. Dira-t-on qu'elle se soit affaiblie, quand elle tonnera aux portes de Constantinople? Ce n'est pas la Russie qui a souffert dans sa puissance, c'est le cabinet qui a souffert dans sa considération. Il a fait de mauvais plans pour 1828; il apprendra par-là à en faire de meilleurs pour 1829 : il a employé des armées trop faibles ; il peut en employer de surabondantes en 1829.

En 1787, l'empereur Joseph perdit une

belle armée contre les Turcs; les années suivantes, l'Autriche marcha de victoire en victoire. Qui empêche qu'il en soit de même pour la Russie? Sa puissance entière lui reste donc, et cette puissance exige, de la part de l'Europe occidentale, le remède préservatif qui est encore en son pouvoir, la création d'un système défensif. Sa nécessité est bien démontrée, par le soin auquel on voit déjà les grandes puissances condamnées, celui de s'occuper continuellement de Pétersbourg; leur attention principale est de coordonner leurs mouvemens sur les siens; mais l'initiative lui appartient, et toute leur ambition ne dépasse pas ce terme; on en est aux *ex voto* pour que l'empereur Nicolas soit modéré, et certes les invocations à la modération ne sont pas, pour ceux qui les font, des preuves d'indépendance.

Tel est l'objet de la première partie de cet écrit. Elle ne prouve que trop qu'il y a en Europe, à l'égard de la Russie, absence de liberté publique.

La seconde partie n'est pas plus consolante; car elle montre une triste conformité entre les libertés civiles et les libertés politiques; elle constate l'existence d'un problème dans l'ordre social, celui de la disproportion de la liberté avec la civilisation. Ici, je n'ajouterai pas aux traits de ce dernier tableau qui sont renfermés dans le corps même de l'ouvrage. Je me bornerai à dire, qu'à la vue des faits existans, et de la marche des gouvernemens, il a été inspiré par le sentiment profond de la dignité des sociétés humaines, et de la grandeur de leur destination; dans elles, l'homme est le but de tout; l'ordre social est le moyen de son bonheur; travailler sans cesse à perfectionner cet ordre, est son droit et doit être son étude; il n'entre en société que pour cela. Les gouvernemens doivent élever leur direction en proportion de l'importance du volume, et de la civilisation que les sociétés acquièrent. Les libertés publiques doivent s'étendre dans les mêmes proportions; les nations ont droit au régime de droit, et non pas seulement au régime des concessions; les meilleures intentions peuvent manquer le but, à part d'une direction qui leur soit appropriée. Dans cet écrit j'ai indiqué celle qui me paraît convenir seule à notre situation; après quarante années d'un voyage pénible, on peut être pressé d'arriver. C'est montrer la voie droite que de dire en quoi on s'en est écarté; le temps de le faire est arrivé. L'arène s'ouvre de nouveau; puisse-t-on n'y entrer que pour accélérer les pas de cette grande réformation sociale que l'esprit humain a commencée, qu'il poursuivra jusqu'à la fin, et à l'adoption de laquelle, dans toute sa latitude, il y aurait plus d'habileté et de bonheur attachés, que dans des cessions partielles, propres à retarder seulement ce qu'il est dans la nature des choses de ne pouvoir pas empêcher.

Dans cet écrit, on retrouvera souvent le rappel des principes, et il ne sera pas regardé comme superflu, lorsqu'au dix-neuvième siècle, en pleine France, à Paris, des hommes, qui s'arrogent le droit d'infecter l'esprit public, osent encore dire : *Surtout ne parlons plus de principes*; Oui, il faut en parler, et beaucoup, car les sociétés ne subsistent que par l'ordre, et l'ordre à son tour, ne se soutient que par les principes.

Ce ne fut point pour quelques schellings, mais pour un principe, que Hambden se laissa traîner en prison, *d'après l'ordre légal de son temps*; ce grand homme savait que la vie des états n'est pas dans le paiement de telle ou telle somme, mais qu'elle se trouve dans les *principes*, et que ceux-ci sont violés par l'exigence illégale d'un schellin, autant que par celle d'un million.

Cet écrit s'écarte de presque tout ce qui s'écrit sur la politique générale de l'Europe, comme sur la direction intérieure des états; j'ai cherché des motifs de jugement hors de ceux que l'on présente vulgairement, et qui, pour ainsi dire, encombrent la circulation. Chacun voit avec ses yeux; ce dont je puis répondre, est d'y avoir regardé de près avant d'écrire. Quoi qu'on en dise, la Russie grève l'Europe d'un fardeau exorbitant, et il faut pourvoir à s'en défendre. De plus, l'Europe et la France m'apparaissent comme deux contrées en contestation entre la nouvelle et l'ancienne sociabilité; travailler à avancer l'heure de la décision du combat, est un devoir, un droit, et mon but. Là, il n'y a rien pour les partis, pour leurs illusions, pour leurs intérêts; au contraire, tout est pour ce qui seul me paraît vrai et utile.

Je parle en dehors de ces ambiguïtés, dont aujourd'hui l'usage est à peu près tout l'art des écrivains. La parole ne me paraît pas être donnée à l'homme pour déguiser sa pensée, mais pour la produire avec sincérité; les lumières de la société grandissent la liberté d'écrire; car une grande partie de la société est en état de juger ce qu'elle lit, d'en profiter ou de s'en défendre; pour l'autre partie, les écrits sont pour elle comme s'ils n'étaient pas, ils ne parviennent ni dans ses mains, ni jusqu'à son esprit. La répression ne peut plus trouver place que pour les attaques tellement directes, qu'elles tombent également sous les sens des savans et des ignorans. Le produit net des procès de la presse a été de rendre *publicistes*, tout le barreau et tout le public. Les écrivains sont sortis de prison, ou, ce qui est encore mieux, ils n'y sont pas entrés; mais les principes sont restés dans toutes les têtes.

Le général autrichien comte de Merwelt fut fait prisonnier à la bataille de Leipsik; Napoléon, qui l'avait connu, voulut lui parler et le chargea d'aller représenter à l'empereur d'Autriche les inconvéniens de son imprévoyante alliance avec la Russie, en lui adressant ces prophétiques paroles : *Ce n'est pas trop de la France, de l'Autriche, et même de la Prusse, pour arrêter sur la Vistule, le débordement d'un peuple essentiellement conquérant, et dont l'im-*

mense empire s'étend depuis la Chine jusqu'à nous. Voilà de la haute prévoyance, de la prévoyance d'un vrai chef d'empire.

STATISTIQUE
DE LA POLITIQUE
ET DES LIBERTÉS
DE L'EUROPE
EN 1829.

Quelle est, à l'entrée de l'année 1829, la situation politique de l'Europe? où en est-elle pour ses libertés? Tel est le double objet qui se présente à notre observation. Dans cette discussion, nous prendrons notre point de départ de la chute de l'empire de Napoléon, par ce que là finit la nouvelle Europe, création de la révolution;

et là reparut l'ancienne Europe, entièrement déformée par la main conquérante de Napoléon. En 1814, sauf quelques modifications, il y eut rénovation de l'ancienne Europe; ce qui avait existé reprit vie, presque tous les anciens propriétaires rentrèrent dans leurs domaines, comme de simples individus rentrent dans leurs foyers après quelque temps d'absence. Chose singulière, parmi les disgraciés des arbitres de l'Europe, se trouva comprise une branche de la maison de Bourbon, qui personnellement, et en raison même de sa faiblesse, n'avait pris aucune part directe aux débats qui avaient amené les changemens que l'on réformait : elle dut assister à la prise de possession de sa place par celle qui avait partagé le trône que l'on venait d'abattre! Que les républiques de

Venise et de Gênes succombassent victimes des arrêts portés par les royautés, leurs ennemies par nature, cela se conçoit; que la Pologne fût condamnée à expier, dans un dernier et irréparable naufrage, un effort infructueux pour briser ses fers, et reprendre son existence nationale et indépendante, cela se conçoit encore; mais exhéréder la maison de Bourbon à Parme, en faveur de l'épouse de celui contre lequel tous s'étaient réunis, et dont on détruisait l'œuvre, là on n'aperçoit ni principe politique, ni calcul européen, ni constance dans la doctrine légitimaire, dont en même temps, on faisait le code de l'Europe. Les Bourbons de Parme n'avaient pas plus fait pour perdre que pour gagner. S'ils avaient démérité, aux yeux de la royauté européenne, en acceptant une couronne de la main encore républicaine de Napoléon, l'Autriche avait-elle mérité davantage en lui donnant celle d'une de ses filles ? Dans cette grande violation du droit privé et du droit public, on n'aperçoit que l'intérêt personnel de l'Autriche et des regards ambitieux portés par elle sur l'avenir de l'Italie, mais rien pour l'intérêt ou la satisfaction de la raison publique de l'Europe. Nous prenons notre point de départ de la rénovation européenne qui eut lieu en 1814, parce que les effets du système adopté à cette époque ont eu le temps suffisant pour se développer, et, par ce développement même, ont mis à portée de juger la nature du système d'où ils sont découlés. Comme l'existence de toutes les plantes, les systèmes politiques demandent du temps pour porter leurs fruits, et ce n'est pas au premier jour qu'il appartient d'assigner leur véritable nature. Mais ici, il y a eu temps; une épreuve de quinze années est devant nous : nous avons vu agir le système, il a pu atteindre sa maturité; il y a donc légitimité dans le jugement qu'on peut en porter. C'est d'après ces bases que nous allons en traiter; et pour jeter, autant qu'il est en nous, du jour sur cette question, nous dirons d'où l'on est parti, quelle route on a suivie, et où l'on a abouti. Ce sont trois choses liées entre elles par un nœud indissoluble, et le cours naturel des idées conduit de l'une à l'autre. Montesquieu a dit : *Rome fut amenée à conquérir le monde pour se défendre contre les peuples vaincus.* On a pu dire la même chose de la France. Dans le cours entier de la révolution, elle a comme vécu au milieu des conspirations de l'Europe : toute paix n'était qu'une trève pour délasser des bras fatigués, et se donner le temps d'aiguiser des glaives émoussés [1]. On s'est bien incliné assez bas devant Napoléon; mais c'était autant pour recher-

---

[1] Le duc de Wellington, en 1814, m'a dit : Nous étions décidés à renverser Napoléon; nous croyions qu'il y faudrait quatre ans : Napoléon le savait bien. Ainsi, lorsqu'à Marac j'intercédais auprès de lui pour Ferdinand, il me répondit : *Ne voyez-vous pas que j'ai toujours sur les bras la coalition du Nord? faudra-t-il donc qu'à chaque coup de trompette venu de ce côté, je sois obligé de laisser quatre-vingt mille hommes sur les Pyrénées, pour prévenir le retour de perfidies semblables à celle qui a éclaté à l'époque de la bataille de Iena? Ce que je fais dans ce moment est tout français...* Il avait raison. Les perfidies qu'il a éprouvées, toutes les fois que l'occasion s'est présentée, justifient sa

cher comment on creuserait, ou si on découvrirait quelqu'abîme sous ses pas, que par crainte, et surtout pour lui rendre hommage. Que la confiance en ses forces, accrue par chaque attaque, lui en ait fait désirer encore plus que craindre de nouvelles, qu'il ait cédé à l'entraînement du pouvoir, qu'il ait manqué de tempérance, que son front ait chancelé frappé des vertiges d'un diadème inattendu, car on ne lui adressera pas de reproches du côté de la sagacité; à cette heure, à quoi bon le rechercher? temps perdu que celui donné aux discussions sur les causes de l'écroulement insé-

---

théorie et sa mémoire. Il ne s'agit pas d'excuser la manière dont l'affaire de Marac fut conduite, mais de rendre à l'histoire sa vérité. On n'a songé qu'à la défigurer au gré des passions et des intérêts ..

parable de l'édifice qu'il avait élevé ; d'autres soins nous appellent : nous avons à fixer les principes et les résultats de la politique qui a régi l'Europe depuis 1814. Cette politique a eu trois objets principaux : 1°. la reconstitution territoriale des souverainetés européennes ; 2°. le maintien de la paix entre les membres de cette souveraineté, telle qu'elle était établie par le congrès de Vienne ; 3°. la compression de ce que l'on a appelé l'esprit révolutionnaire ou démocratique, tel qu'on le supposait exister. Voilà les traits principaux de la politique de l'époque, et comme le cadre dans lequel se trouvent renfermés, et qu'ont rempli les événemens survenus depuis cette rénovation.

Le congrès de Vienne, en créant la nouvelle ère politique de l'Europe, en la reconstituant territorialement, a-t-il fixé sa vue sur les intérêts généraux de cette contrée ? A-t-il tenu ses regards rabaissés dans le cercle étroit des intérêts privés? Les forts, les prépotens, ont-ils fait fléchir les convenances publiques sous le poids de leurs intérêts ? Voilà ce qu'il faut rechercher dans la carrière parcourue par cette assemblée normale pour la politique de l'Europe : or, de cette seule indication de la marche suivie par ce congrès, sort une réponse désolante pour l'Europe. Non, les intérêts généraux n'ont pas dominé dans ce grand conseil de la souveraineté européenne. Prenez la carte de l'Europe. Qu'apercevez-vous d'après les décrets de Vienne ? L'Angleterre sur toutes les mers, barrant tous les passages; l'Autriche en Italie; la Russie s'allongeant à travers la

Pologne asservie, jusqu'aux portes de l'Allemagne; et la Prusse, coupée en trois parties, avec un bras sur le Niémen, un autre sur le Rhin, et de corps nulle part. Par-là, la possibilité d'un blocus maritime universel a été reconnue en faveur de l'Angleterre; par-là encore, l'Italie a comme disparu dans le gouffre des possessions autrichiennes! En même temps, par l'effacement de la Pologne, la Russie s'est mise en contact menaçant avec l'Allemagne; désormais c'est à celle-ci à en supporter le fardeau. A cette époque, la France, mise hors de cause personnelle par le premier traité de Paris, 1814, porta toute sa sollicitude, et, à défaut de crédit, toutes ses sollicitations, à parer les coups qui menaçaient le souverain de Dresde, et à faire remettre Naples à l'ancien propriétaire. Parmi tous ces mécomptes politiques, on n'aperçoit qu'une seule combinaison exempte de reproches, la réunion de la Suède avec la Norwége; car la création du royaume des Pays-Bas, arrêté à la Meuse, fut une œuvre incomplète. Puisqu'on voulait établir de ce côté une barrière contre la France, encore fallait-il la compléter, et ne pas appeler sur la Moselle, la Prusse destinée par sa position à servir de barrière contre la Russie. Diviser la Prusse était l'annuler; l'affaiblir vis-à-vis la Russie, était ouvrir à celle-ci une porte sur l'Allemagne. La Prusse ne pouvait jamais être trop compacte ni trop forte. Agglomérée, elle a de la force; dépecée en plusieurs parties, elle n'est rien; mais, à cette époque, tous les ombrages, tous les ressentimens portaient sur la France: l'esprit plein du souvenir de ses invasions récentes, dans ce congrès on ne se croyait jamais assez vengé, ni en sûreté contre elle. La crainte, la haine sont deux mauvais conseillers, et malheureusement, dans cette grande circonstance, elles furent trop écoutées; cette aberration capitale a coûté cher à l'Europe, et est destinée à peser beaucoup sur elle. Le congrès de Vienne ayant ainsi mis tout à faux en Europe, une gêne générale n'a pas tardé à se faire sentir; cela était inévitable: personne ne se sentait à sa place naturelle, ou suffisante ni convenable dans l'ordre politique. On ne dénationalise pas les peuples impunément; ils ne renoncent jamais à ce caractère: il revit sous la main qui l'efface. Ceux qui y travaillent le savent bien; ils supposent l'existence de mécontentemens dont ils ont créé la légitimité. Dès lors leurs forces et leur attention sont partagées, il y a à garder la nouvelle possession, encore plus qu'à en jouir. Tel est devenu l'état de l'Autriche à l'égard de l'Italie, de la Russie à l'égard de la Pologne, et de la Prusse à celui de la partie retranchée à la Saxe, comme pour ses acquisitions aux portes de la France. Tels sont les traits principaux du tableau résultant de l'ordre établi par le congrès de Vienne, ordre devenu le régulateur de l'Europe. En 1815, la France échappa à un déchirement. La convoitise de certains gouvernemens voisins, se parant de la sollicitude de la sécurité de l'Europe, aspirait à retrancher à la France, pour se les approprier, à l'est l'Alsace et la Lorraine, au nord la Flandre et l'Artois, en ramenant ainsi la France à la condition qu'elle avait sous Louis XIII. Heureusement il existait un prince qui portait ses vues plus haut. L'empereur Alexandre, plus ami des intérêts généraux de l'Europe, sentit et voulut que la France devait être et qu'elle restât puissance principale. Ses dépouilles, partagées entre plusieurs souverainetés d'un ordre inférieur, ne conféraient à aucune d'elles un caractère européen, tandis que l'intégrité de la France le conservait à cette puissance, dont il n'y avait plus de débordement ultérieur à redouter [1]. La France

[1] A cette époque, on eut à se féliciter d'avoir à la tête du ministère français un homme qui, par la considération de son noble caractère, avait acquis un juste ascendant sur l'esprit de l'empereur Alexandre. Le comte Capo-d'Istria unit son crédit à l'influence de M. de Richelieu pour faire

continua donc d'être puissance principale, à défaut de pouvoir continuer d'être puis-

---

prévaloir la pensée de l'intérêt européen au maintien de la France dans le rang des puissances principales. Cette vue était très-éclairée, et bien supérieure aux motifs assignés pour réduire la France aux proportions qu'elle avait sous Louis XIII ; on peut consulter les mémoires présentés alors par l'Autriche et par M. Degagern, ministre du royaume des Pays-Bas. Ces plans désastreux pour la France étaient renouvelés de ceux que l'Autriche et quelques Belges du haut parage avaient formés en 1793 et 1794. Alors, parmi eux, et en Autriche, il s'agissait d'enlever à la France, ce qu'on appelle en Belgique *la ligne de Vauban*, ainsi que l'Alsace et la Lorraine; lors de l'invasion de l'Autriche en Alsace, et de la prise de Valenciennes, Condé, Landrecyes, l'Autriche y procédait de son mieux. Sa cupidité ne tarda pas à être punie. En 1815, l'empereur Alexandre ne voulait pas des spoliations et de la rançon qu'on imposa à la France. Ces sévices furent l'œuvre des princes allemands; il faut rendre à chacun ce qui lui appartient.

sance prépondérante, comme elle était en possession de l'être depuis long-temps. Ce rôle est passé à l'Angleterre et à la Russie, que depuis beaucoup d'années les événemens ont portées à ce rang supérieur. Les guerres de Naples et de l'Espagne, ou plutôt ces expéditions, n'ont pas eu trait à la politique générale. En cela, il n'y a eu rien de ce qui appartient proprement à la politique, tout a été *de la sociabilité* ou plutôt *de la suzeraineté*, c'est-à-dire des rapports du souverain aux sujets. Le même caractère se retrouve dans les deux actes; car, dans tous les deux, il n'a été question que de remettre entre les mains du prince le pouvoir qui lui était échappé, et de lui assujettir le peuple. Les congrès de Carlsbad, de Vérone, de Troppau, de Laybach, ne sont pas plus des actes de l'ordre politique proprement dit; ils appartiennent aussi à la sociabilité, car là, encore il s'est agi de régler les rapports du prince avec les sujets : c'est à tel point que le congrès de Laybach n'a pas craint de proclamer le *droit divin des princes*, de modifier ou d'établir les institutions, les réformations et les améliorations dans la conduite des États; ce jour il fut déclaré que nul contrat n'existait entre le peuple et le prince, et que celui-ci tenait, par droit divin, dans sa main la destinée du peuple. Comme on peut penser, il n'y avait dans ces congrès ni ministres anglais ni envoyés des États-Unis.

Mais pendant que l'on donnait ainsi à l'Europe désarmée une attitude contrainte, gênée, contraire au développement de ses forces naturelles, deux immenses événemens éclataient inattendus sur deux points bien éloignés l'un de l'autre, mais qui, trouvant l'Europe entre eux deux, la plaçaient au centre de ces deux grands mouvemens; on voit qu'il s'agit de la double révolution de la Grèce et de l'Amérique. Celle-ci, ayant son siége loin de l'Europe, ne l'atteignait pas directement : un seul membre de l'association européenne en éprouvait des dommages positifs, tous les autres avaient à y gagner; et cependant tel était le vertige du temps, que l'on allait fondre les armes à la main sur l'Amérique, comme on l'a fait sur l'Espagne et au nom des mêmes principes, si, levant son trident et le plaçant sur l'Océan comme une barrière insurmontable, l'Angleterre ne se fût interposée entre l'Amérique et ses assaillans. Couverte par ce puissant protectorat, celle-ci a pu terminer sa révolution, en se jouant de la débilité de son ancien maître; alors un homme de génie fut autorisé à dire : *J'ai appelé un monde entier à l'existence*, et la grandeur d'un pareil résultat absout ce langage du reproche de la vanité, et lui laisse les honneurs d'un noble orgueil. En effet, c'est un beau rôle que celui de la rivalité avec le Créateur, appliqué aux avantages de l'humanité. Celui qui a sauvé l'Amérique du tombeau où voulaient la faire rentrer les satellites de l'Espagne, a plus fait pour l'humanité et pour l'Europe que celui qui le premier aborda cette contrée. En quoi importait-elle à l'Europe et à l'humanité, dans la prison et la stérilité où la main de l'Espagne la retenait indigente, dépeuplée et captive? la liberté pouvait seule la rendre utile au genre humain et à l'Europe. L'œil de l'homme se perd dans les profondeurs de l'avenir qui attend l'Amérique, et dans l'horizon sans bornes de l'influence qu'elle exercera sur les destinées de l'univers.

Si de ce côté tout est l'*immensité*, on en retrouve aussi le caractère dans la révolution de la Grèce. Comme l'Amérique, elle s'est relevée sous l'inspiration de la civilisation et par lassitude d'une oppression absurde et barbare, celle-ci produit partout les mêmes résultats. Comme l'Amérique, pendant six années de lutte, la Grèce n'a pu être ramenée sous le joug par un maître, dont la force dépassait beaucoup la sienne en apparence, mais qui manquait de ce qui rend efficace la force matérielle, la civilisation et le patriotisme. Répudiée d'abord par l'Europe royale, mais adoptée avec enthousiasme par l'Europe civilisée, celle-ci a prévalu, elle a ramené à la Grèce ses adversaires, elle les a contraints d'embrasser sa cause, de la réchauffer sous leurs ailes, et de finir l'ouvrage qu'elle avait si courageusement entrepris, si laborieusement poursuivi, et qu'elle soutenait avec une persévérance où l'admiration se confondait avec des appréhensions pour le succès définitif. La bonne étoile de la Grèce ont fait que ses ennemis n'ont jamais déployé contre elle la dixième partie des forces, qu'en peu de temps ils ont pu tourner contre les Russes! Le ciel aveugle ceux qu'il veut perdre; le salut de la Grèce est venu en partie du mépris brutal que les Turcs a fait d'elle. Pendant que la Turquie ne la combattait que par des détachemens, l'opinion publique devenait exigeante, et donnait comme des ordres aux cabinets, prévalait sur les anciennes répugnances, dictait le traité du 6 juillet 1826. A sa suite, dans une réunion bien nouvelle, les escadres de Russie, de France et d'Angleterre cinglaient vers la Morée, réduisaient en poussière les vaisseaux de l'Égypte, et, isolant d'elle l'armée qu'elle avait versée dans la Morée, elles forçaient celle-ci à regagner, sous leur propre escorte, les lieux d'où était sorti cet essaim de nouveaux guerriers formés à l'école de la France. L'expédition d'Ibrahim avec des Nègres, des Nubiens, des Arabes, des Turcs égyptiens dressés à la tactique européenne, n'est pas l'épisode la moins remarquable de cette époque; le contact établi entre l'Égypte et l'Europe, sous les rapports militaires, est l'initiative de beaucoup d'autres rapports qui se formeront entre l'Europe et la terre des Ptolemées, et qui, en la rapprochant de la civilisation, la rendront plus fructueuse pour l'Europe qu'elle ne le fut jamais. On ne verra plus de croisade armée contre l'Égypte, qui n'avait rien fait à la France; les rois de celle-ci n'iront plus y chercher une prison, mais leurs serviteurs iront lui apporter et en retirer des richesses; sous leur abri, les enfans des sciences exploreront, vérifieront tous les points du territoire de cette contrée, où leurs savantes recherches déroberont le secret des langues mystérieuses que parlaient les aïeux et les successeurs de Sésostris; toute nuit, toute obscurité fuira de ces monumens gigantesques, de ces ouvrages péniblement élaborés, qui chargent et enveloppent d'énigmes le sol de cette contrée. C'est un premier coup frappé sur les portes de l'Orient, portes que la civilisation, à l'aide des temps, achèvera d'ouvrir; le principe est posé, et, en pareille matière, le principe est tout... L'expédition française a complété la libération de la Grèce; dorénavant celle-ci peut respirer l'air natal en liberté; plus d'ennemis, plus d'armées qui la ruinaient; il ne reste plus à désirer pour elle que de larges et fortes limites, l'ordre dans la liberté, et des pas rapides dans la civilisation.

De l'indication de ces faits généraux, passant à celle de l'esprit général qui, pendant le même période de temps, a dirigé la politique européenne, il faut le reconnaître, cet esprit a été celui du maintien de la paix entre toutes les puissances ; les affaires ont toutes tourné à la négociation; jamais l'Europe n'a compté plus de soldats, jamais il n'y a eu moins de dispositions à les opposer les uns aux autres. Si deux guerres ont eu lieu, ce n'a pas été des guerres de puissance à puissance, et dans un but politique ordinaire, mais cela a été la guerre des princes aux peuples, et dans un but de pouvoir.

Cette sollicitude pacifique est le résultat de la nécessité créée par plusieurs causes.

1°. Le besoin des réparations après une période guerrière, très-vaste, très-animée, très-laborieuse pendant vingt-quatre ans. De 1792 à 1816, l'Europe a été sous les armes, une génération avait vécu dans la guerre; de grands vides étaient à remplir dans la population, d'autres vides l'étaient aussi dans l'ordre financier; les moins profondément blessés cependant, l'étaient sérieusement. Comment l'Angleterre eût-elle voulu se livrer à des chances de dépenses telles que celles d'une guerre, en sortant d'une crise de vingt-deux années de dépenses extraordinaires au dedans, de subsides au dehors, de prodigalités pareilles à celles qui, en 1815, ont porté les frais de cette année à *deux milliards cent millions*? La fatigue, l'épuisement étant général, le repos était devenu indispensable.

2°. Le congrès de Vienne ayant procédé par mutilations de peuples, par adjonctions et soustractions de territoires, les jouissans de ces nouvelles investitures avaient à interroger l'esprit de leurs nouveaux sujets, à les essayer, et comme à faire connaissance avec eux. Or, ce n'est que dans la paix que l'on fonde et que l'on se livre avec sécurité à des épreuves. Dans les établissemens nouveaux, tout est à créer, hommes, choses, moyens; il faut tout éprouver, tout coordonner. Ainsi, le royaume des Pays-Bas avait à franchir les difficultés de l'amalgame de deux peuples séparés de culte, de consanguinité, d'esprit, d'occupations, divers de travaux; l'un vivant des produits de la terre, et l'autre de celui des eaux, dont lui-même semble être sorti. Il fallait la rencontre heureuse et rare d'une sagesse pareille à celle qui a dirigé ces élémens divers pour les amener à la fusion qui les a confondus dans une union qui les fait paraître amis de toute éternité. La Suède devait soigner sa réunion avec la Norwége; la Prusse avait à organiser ses nouveaux états d'outre Rhin, pour les mettre en harmonie avec ceux qui sont disséminés sur la longue lisière qu'elle étend du Rhin au Niémen; la Russie essayait sa domination en Pologne; l'Autriche songeait à consolider la sienne en Italie. Tous les princes restaurés étaient plus occupés de prendre de l'aplomb dans leur intérieur et de jouir des douceurs d'une existence retrouvée, souvent au-dessus de tout espoir, que de se livrer aux mouvemens de la politique extérieure. D'ailleurs, il ne pouvait échapper aux gouvernemens que les peuples, froissés par des arrangemens à la sanction desquels ils n'avaient pas été appelés, sentaient le poids et les épines de ces jougs adventices : les uns avaient à réclamer l'exécution de grandes promesses, fruits de grands sacrifices; tous étaient plus ou moins imbus des principes de la liberté, et par conséquent de son désir; car, avec elle, de la connaissance à l'amour il n'y a qu'un pas. Cet ensemble de considérations créait pour les gouvernemens l'égale nécessité de la paix. Ils devaient en conclure que se combattre entre eux n'était pas le moyen de consolider leur empire sur les peuples; que la guerre, en rendant ceux-ci plus nécessaires pour eux que ne le fait la paix, leur crée des droits à une reconnaissance dont la paix tient leurs chefs affranchis. De là dut se former un concert de vues et d'intentions pacifiques, qui a maintenu la paix dont les gouvernemens sentaient généralement le besoin. Lorsque l'Espagne poussa si étourdiment quelques bataillons sur le Portugal, M. Canning n'hésita pas de dire que toute guerre deviendrait inévitablement une guerre de sociabilité : parler ainsi, était bien connaître le fond de l'esprit de l'Europe; et les gouvernemens, en soignant beaucoup le maintien de la paix, ont montré de leur côté qu'ils n'étaient pas étrangers à la connaissance de cette vérité.

Il existe de plus, en faveur du maintien de la paix dans la disposition territoriale des souverainetés européennes, un mobile d'un ordre nouveau. Car on peut demander où trouverait-on l'étoffe de quelque conquête ? Comment, dans la délimitation territoriale des souverainetés de l'Europe, l'une pourrait-elle s'accroître sans le dérangement de la masse entière ? Par le congrès de Vienne, toutes les grandes puissances se touchent; les immenses progrès de la Russie laissent à peine quelque apparence d'équilibre : dans cette position, quel état peut avancer ou reculer sans un effet sensible sur tous les autres? Un pas de plus de la part de la Russie, que devient la Prusse? Un pas de plus de la part de l'Autriche en Italie, il n'y a plus de Piémont? Un pas de plus de la part de la France, il n'y a plus de royaume des Pays-Bas? Dites la même chose pour la Saxe et la Bavière, la Suède et le Danemarck. Le moindre déplacement conduirait à un remaniement universel. Un *uti possidetis* général est donc établi en Europe, par suite des stipulations du congrès de Vienne: on ne se battra plus, parce qu'il faudrait que tous se battissent, idée effrayante et bien faite pour arrêter les mains prêtes à saisir des armes; nul ne se battra, parce que le but ordinaire des combats, la perspective d'un avantage à acquérir ne se présente plus pour personne. L'Europe est dans un état de quiétisme forcé; l'ambition ne sait plus où se prendre : garder, conserver, est désormais à peu près toute la science diplomatique. Le *Dieu terme* devient la divinité commune de l'Europe occidentale. C'est la première fois qu'elle se soit trouvée dans cette position; mais aussi c'est-il la première fois qu'elle ait été constituée, comme elle l'est, par le congrès de Vienne, et par les accroissemens de la Russie. Il n'y a plus de moyen d'accroissement que du côté de la Turquie, jusqu'au Danube; car le passage de ce fleuve, soit par la Russie, soit par l'Autriche, annule et achève la Turquie. Jusqu'à cette limite, on peut trouver de l'étoffe en Valachie, en Moldavie pour l'Autriche et la Russie, ensemble ou divisément. Ce qui se passera dans cette direction, n'altérera pas sensiblement le corps politique de l'Europe; tant que le Danube ne sera pas franchi, il n'y a pas encore de mal; en politique et sous les rapports de la civilisation, il y aura même un grand bien.

Le défaut d'étoffe pour des accroissemens de territoire s'est fait ressentir bien clairement dans la querelle que la Bavière suscita au grand-duc de Bade. En 1813 l'Autriche, occupée du double projet de détacher la Bavière de l'alliance française, et de reconquérir le Tyrol, le Saltzbourg et l'Innwirthell, promit à la Bavière les dépouilles du grand-duché de Bade, engagé comme elle sous les drapeaux de Napoléon. Le traité fut conclu à Ried : comme on peut le croire, *le dépouillé en idée* n'avait pas été appelé à ce conseil. Nul avis de cette transaction clandestine n'avait été donné au congrès de Vienne, ni au principal intéressé dans les résultats de cette transaction occulte; plusieurs années s'étaient écoulées en silence, et voilà qu'un jour la Bavière, exhibant son traité, signifie au grand-duc d'avoir à vider les lieux qu'elle s'est appropriés avec un tiers, à ses dépens, et sans sa participation. La survenance d'une affaire aussi étrange pouvait incendier l'Allemagne, on s'empressa de l'étouffer. L'Autriche n'étant nullement disposée à remettre les territoires dont les dépouilles de Bade devaient payer la rançon, à défaut d'indemnité possible, la Bavière est restée amincie de tout ce qu'elle a cédé; et, dans cet état, elle aura tout le temps de méditer sur la beauté des traités clandestins faits aux dépens d'autrui [1].

Mais pendant que la diplomatie cultivait avec soin le maintien de la paix, l'orage formé en Orient, par la révolution de la Grèce, allait la troubler ; déjà les nuages se rassemblaient. La patience de l'empereur Alexandre touchait à son terme, en même temps que sa vie ; il allait éclater. Les

---

[1] Un publiciste français, M. Bignon, publia à cette époque un écrit qui frappa vivement l'opinion publique, et profita beaucoup à la cause de Bade. Cet ouvrage fit ressortir tout l'odieux de la conduite de la Bavière, et obtenir un beau triomphe à la publication de la vérité. Le ravisseur, cité au tribunal de l'Europe, lâcha prise. L'auteur et la France retirèrent de l'honneur de cet écrit ; car toujours il sera honorable pour elle de voir ses citoyens employer leurs talens à la défense de la justice et de la vérité.

armées russes, mises en mouvement depuis quelques années, l'arme au bras, impatientes de leur oisiveté, appelaient les combats, et ne faisaient céder leur ardeur qu'à la force de la discipline imposée par une autorité entourée d'immenses respects. Enfin la carrière leur a été ouverte. Un jeune empereur a paru à leur tête. La Turquie s'en est émue, l'occident de l'Europe n'a plus eu d'attention que pour l'orient, et pour les scènes dont il allait devenir le théâtre. Nous en traiterons dans un moment : il nous reste à achever le tableau de la direction suivie par quelques autres États depuis 1814.

La France, dans sa direction soit au dehors, soit au dedans, a marché de concert avec les autres puissances; concourir au maintien de la paix, à la restriction des progrès de l'esprit humain que l'on qualifiait de révolutionnaire, car on crée des mots pour y trouver le droit d'agir, d'après la signification que l'intérêt leur assigne. Tel a été le fonds de la direction de la France depuis 1814... L'Autriche s'était chargée d'éteindre les institutions à Naples! La France en a fait autant en Espagne. Le parti alors dominant jetta les hauts cris contre une ordonnance célèbre, qui renfermait le préservatif de tous les maux que ce pays a éprouvés, depuis que ce parti eut le succès infortuné de la faire retirer. La France a accédé aux propositions, d'où est résulté le traité du 6 juillet 1826. Elle a coopéré avec générosité et loyauté à son exécution; car elle fait les frais de la reprise de la Morée, et de sa remise à la Grèce. Dès le principe, il était très-clair qu'une expédition en Morée serait nécessaire ; on voulait une fin à la guerre, et le salut du reste de la population grecque; la guerre poursuivie par les Grecs seuls, n'offrait pas ce résultat. Il ne pouvait être obtenu que par une force étrangère, supérieure à la résistance que la Turquie pouvait opposer... Mais, par la nature des choses, cette force ne pouvait se trouver qu'en France. Elle a un militaire de terre supérieur à celui de l'Angleterre. On ne pouvait pas user de celui de la Russie, en guerre avec la Turquie; on voulait conserver les apparences de la paix avec celle-ci. Il était contre la saine politique de donner à des puissances prépotentes, telles que l'Angleterre et la Russie, un prétexte quelconque pour s'approprier quelques portions du territoire turc ; la France seule ne donnait pas d'ombrage! Elle a donc été appelée à remplir cet objet de l'alliance; elle l'a fait avec zèle, courage et succès...

La Suède et le Danemark ont comme disparu de la scène politique du monde. La Suède n'est plus la Suède du grand Gustave et de Charles XII. Tout a grandi autour d'elle et à ses dépens; la Prusse et la Russie se sont grossies de ses dépouilles. Elle occupe toute la presqu'île Scandinave; c'est un poste de sûreté, et non d'influence politique! Il faudra un long temps pour que la Suède trouve dans cette nouvelle formation quelqu'élément de puissance politique... Elle a la sagesse de renoncer à l'ambition et à l'éclat pour le bonheur domestique; elle retrouve sous une main habile, quoique adventice, tout ce que lui avait fait perdre de bonheur une main héréditaire...

Le Danemark ne compte pas comme puissance ; avec la Norvége il a perdu plus de territoire que de force relle. Cet état est, dans l'ordre politique, sur la même ligne que les petits états d'Italie; des princes modestes, un peuple s'engraissant dans un bonheur matériel, sous un despotisme qui ressemble à une épée dont la lame reste cachée dans le fourreau, et ne laisse voir que la poignée... Depuis 1814, on n'a pas entendu parler politiquement de ces deux états... Dans l'ordre politique, il n'y a rien à dire des états du midi de l'Europe... Le morcellement de l'Italie annule la plus grande partie de cette contrée; de petits états peuvent former des apanages fort lucratifs et honorables pour les possesseurs;

mais de ces jouissances privées, il ne reste rien pour la politique; le nord de l'Italie est partagé entre le Piémont et l'Autriche; celle-ci intimide celui-là. Le royaume d'Italie des Français n'est plus qu'une province allemande, destinée à fournir à l'Autriche des recrues et de l'argent.

L'Espagne et le Portugal ont, depuis 1814, occupé bien laborieusement et tristement l'Europe, avec scandales et sans aucuns fruits... Deux fois on a restauré la première; deux fois on a eu à regretter ce que l'on a fait pour elle; un instant elle a pu compromettre le repos de l'Europe par son aversion innée pour toute espèce d'institutions... Dans ce pays, le peuple est toujours sans frein, souvent sans pain, la désobeissance est une habitude, le brigandage un état, le trésor une source tarie, et le prince, tout en tirant ses droits du ciel, la tête dans la nue, reste sans force sur la terre... En Espagne, les autels sont à la fois chargés des offrandes de la superstition, et la terre des crimes qu'elle autorise, sous l'inspiration de ministres qui déshonorent celle dont ils osent porter la livrée révérée.

En Portugal, c'est encore pire; car Don Miguel y règne...

De pareils pays sont nuls pour l'ordre politique, et ne s'y font ressentir que par leurs inconvéniens; et cependant l'Italie, l'Espagne et le Portugal, renferment une population de 33,000,000 d'hommes, et sont susceptibles d'un produit financier de plus de 600,000,000 fr. Quelle déperdition pour la force de l'Europe occidentale, dont la nullité de ces trois contrées laisse à découvert toute cette aile droite de la défensive européenne, et ne peut pas davantage pour le soutien du continent contre la Russie, que pour la liberté des mers contre l'Angleterre; et puis, qu'on nous vante la coalition du despotisme avec le monachisme! Cette revue de la direction politique de l'Europe, depuis 1814, suffit pour donner l'idée de l'emploi qu'elle a fait de ses forces et de son loisir...; il est peu satisfaisant, car il ne présente qu'un seul acte sur lequel le cœur et l'esprit aiment également à se reposer, la libération de la Grèce... La diplomatie ne lui a pas fait une place dans la politique; mais comme la civilisation ne tient pas aux localités, et n'est pas attachée à la glèbe, celle de la Grèce sortira de l'étroite enceinte où le peuple grec est confiné, elle s'élancera sur tout l'Archipel.

Par la formation d'un gouvernement régulier en Grèce, la masse compacte de barbarie, qui de la côte orientale de l'Adriatique s'étend jusqu'au fond de l'Asie, se trouve entamée ; par sa position géographique, la Morée formera comme un pont sur lequel la civilisation passera d'Occident en Orient; les grandes îles de Rhodes, de Chypre, de la Crète, peuplées de Grecs, Smyrne, siége d'un grand commerce, et le commerce est ami de la civilisation, seront les conducteurs des empiétemens de la civilisation dans l'Orient... Sous ces rapports, la révolution de la Grèce est un événement capital dans l'ordre de l'humanité, et la diplomatie, en servant bien celle-ci, a bien servi celle-là.

Maintenant, les résultats du congrès de Vienne et de ce qui l'a suivi sont à découvert; c'est ainsi que l'on est arrivé au grand événement de la guerre d'Orient, guerre qui a révélé la véritable position de l'Europe, comme nous l'avons énoncé plus haut, guerre qui l'a menacée de la perte de cet état de paix qu'elle a cultivé avec tant de soins. Ici l'intérêt du sujet redouble, et, pour le présenter avec la clarté qu'exige son importance, nous en marquerons les caractères principaux. On peut en assigner trois :

1°. Le fait particulier de la guerre entre la Turquie et la Russie;

2°. La prépondérance actuelle de la Russie, et les accroissemens qu'elle peut acquérir par le fait de cette guerre;

3°. Le parti que dicte à l'Europe cette prépondérance présente et à venir.

Le temps, ce juste juge de tout, apprendra si le sultan Mahmoud a obéi aux impulsions d'un haut caractère, ou bien à celle d'un orgueil brutal, en commettant son empire avec celui du puissant souverain de la Russie. La disproportion des forces ne l'a pas intimidé : le partage des siennes entre les milices anciennes et nouvelles, la faiblesse toujours attachée au passage d'un état à un autre, la perte du sang versé dans l'extermination des janissaires, dans la guerre de la Grèce, toutes ces considérations n'ont pas ébranlé sa résolution : depuis six ans, le feu était à une des extrémités de son empire, sans qu'il eût pu l'éteindre, et voilà qu'il en a rallumé un second bien plus ardent, à l'autre extrémité de ses états; il est resté sourd, inaccessible à toutes les représentations de la diplomatie européenne; la franchise habituelle à l'état de barbarie, a dicté les expressions de son manifeste; là, point de détours, point de subterfuges, point de ces subtilités avec lesquelles les diplomates européens veulent lui faire entendre que c'est pour son bien, et sans rompre la paix, qu'on coule à fond ses vaisseaux, qu'on bloque ses ports, qu'on affranchit ses sujets de son obéissance, et qu'on peut le caresser d'une main en le dépouillant de l'autre. Le *rectiligne* Mahmoud n'entend rien à ces doubles rôles : il paraît n'en connaître qu'un, celui de tirer vengeance de ce qui le blesse, en y employant les moyens en usage dans l'Orient. Ce prince s'est trouvé investi tout à coup de l'intérêt qu'inspirent le courage et la détermination dans tous les rangs et dans toutes les positions, mais principalement dans les rangs élevés et dans les positions critiques... On a vu avec un étonnement mêlé de plaisir sortir tout armé d'un palais, théâtre de voluptés, un prince qui s'arrachait à la mollesse, dans laquelle ses prédécesseurs avaient puisé cette faiblesse, qui avait énervé leur empire. Mais le courage a des règles, il ne peut utilement être séparé du jugement qui doit en régler l'emploi : le courage d'esprit suit d'autres règles que le courage purement physique : le premier est de rigueur pour les chefs des états, le second ne l'est que pour les subordonnés. Le temps apprendra si Mahmoud a obéi au premier, ou s'il a seulement cédé à la vaine présomption de ses forces, s'il sera le restaurateur ou le destructeur de l'empire des sultans... L'Europe a vu avec étonnement surgir une résistance opiniâtre, et des nuées de combattans, du milieu d'hommes qui n'avaient su trouver contre la Grèce que de faibles détachemens, qui avaient emprunté à l'Égypte la force qui manquait parmi eux, et qui semblaient ne devoir être qu'une proie facile pour les Russes... Ceux-ci ont attaqué la Turquie en Europe et en Asie; l'armée qui avait triomphé de la Perse, a marché sur les provinces asiatiques de la Turquie, par des routes encore inconnues aux soldats de la Russie. Telle est la conséquence de l'avancement graduel de la Russie vers les régions comprises entre la mer Noire et la mer Caspienne. La Russie a franchi le Caucase; la dernière guerre avec la Perse l'a rendue maîtresse des provinces persanes qui bordent le mer Caspienne ; par-là elle se trouve dominer les provinces turques asiatiques, et, dans le cas de guerre, ses armées, entrant dans les pachaliks d'Asie, s'avancent de l'orient vers Constantinople, pendant que l'armée du Danube s'avançant du côté de l'occident, la capitale de l'empire ottoman se trouve ainsi placée comme entre deux feux. Cette guerre d'Asie, à laquelle on n'a pas fait assez d'attention, occupera dans cette partie les forces turques qui auraient pu marcher en Europe. Cette diversion affaiblira beaucoup la défense des Turcs sur la mer Noire. Les Russes ont fait la guerre d'Asie contre les Turcs, avec les mêmes avantages qu'ils avaient obtenus contre les armées persanes. Des forteresses, des positions inexpugnables avec des troupes européennes, une énorme supériorité de nombre, tout a cédé. Les Turcs d'Asie n'ont su rien défendre ; ceux d'Europe ont montré beaucoup plus de virilité. Braïlow, Varna se sont défendus avec vigueur : les autres places n'ont pas cédé, et le Balkan a été défendu avec opiniâtreté. On devait s'attendre à ce résultat ; car les Turcs, comme les Espagnols, tiennent bien derrière toute muraille, et supportent des misères dont l'idée ne se présente pas ailleurs. Le principe de cette opiniâtreté est, 1°. dans l'incivilisation de ces peuples qui ne se mêlent pas avec les autres nations ; 2°. dans la pratique de l'esclavage, qui, chez eux, fait partie du droit de guerre. Pour s'y soustraire, tout habitant d'une ville assiégée devient soldat ; aux motifs ordinaires de résistance qui agissent sur les peuples civilisés, se joint celui de la conservation propre : c'est ce qui explique les résistances désespérées, célèbres dans l'histoire. Numance, Sagonte, ont préféré la mort à l'esclavage. L'homme poussé à toute extrémité puise un courage insurmontable dans le soin de sa conservation propre ; les femmes, les enfans, voués aux horreurs de la captivité, aux douleurs d'une expatriation et d'une séparation éternelles, s'associent à la défense commune, et chargent leurs faibles bras d'armes, qui, dans des contrées régies par des lois plus humaines, n'eussent jamais été à leur usage. L'occident de l'Europe ignore encore quelle cause positive a produit l'alanguissement de la campagne russe : celui-ci a étonné et avec raison [1].

---

[1] Quelque difficile qu'il soit de déterminer d'une manière positive, la somme des forces que la Russie a employées dans cette campagne, on peut cependant l'évaluer approximativement par le nombre

Y a-t-il eu infériorité numérique pour une marche plus active, défaut de bonnes combinaisons pour l'entretien de l'armée, contrariétés de la saison, ou suite de la

---

des corps d'armée qu'elle a fait agir, et par les emplacemens qu'ils ont occupés. L'armée russe a été partagée en deux corps : 1°. celui qui devait garder les principautés et observer les places du Danube : 2°. l'armée active qui a fait le siége de Brailow, celui de Varna, et qui a stationné devant Schumla.

C'est beaucoup si le premier corps montait à trente mille hommes. On peut en juger par la force de celui du général Guisenar, qui, chargé de la garde de la Petite-Valachie, n'a pas pu réunir contre le pacha de Widdin plus de quatre mille hommes. Dans tout le cours de la campagne, les avis des principautés ont annoncé uniformément que ces provinces étaient dégarnies de troupes, et que les renforts amenés pour le général Guisenar arrivaient péniblement. Le général Roth, campé devant Silistria, a été relevé fort tard

contagion endémique dans ces contrées? car les Turcs ont la peste pour auxiliaire, comme les Grecs du Bas-Empire eurent le feu grégeois. L'empereur Nicolas n'a-t-il voulu que ce qu'il a fait? Est-il entré dans

---

par quelques troupes venues de l'intérieur de la Russie. Devant Varna, le prince de Wurtemberg a dû quitter ses positions pour venir soutenir les assiégeans : parmi ceux-ci, la garde russe comptait pour beaucoup. Ce n'est donc pas s'éloigner de la vérité que de porter l'armée, mise en mouvement dans le cours de la campagne, à cent dix mille hommes. Ce nombre ne suffisait pas pour obtenir un succès décisif, et épargner une seconde campagne; la Russie, en n'opérant qu'avec une petite fraction de ses forces, a comme recréé celles de la Turquie. Celle-ci a eu le temps de se reconnaître, et de profiter des positions défensives devant lesquelles elle a arrêté son ennemi.

L'armée de Witgenstein a agi *seule; celle* de Saken a gardé ses cantonnemens. L'armée polonaise n'a pas fait de mouvement.

ses vues de ne frapper son ennemi que jusqu'au point nécessaire pour l'amener à accepter les conditions énoncées dans son manifeste ? N'avait - il proportionné ses forces qu'à la résistance présumée chez son ennemi ? Telles sont les questions que présentent la conduite et la solution de la campagne des Russes. Le reste de la saison sera-t-il employé aux siéges des places dont la prise est nécessaire pour assurer la liberté des derrières de cette armée, pour maintenir la tranquille possession des principautés, et pour donner à l'armée russe le temps de se refaire, et de recevoir les renforts qui, de toutes les parties de l'empire, peuvent affluer au milieu d'elle ? Pour cette fois, elle ne manquera ni en nombre, ni en moyens d'approvisionnemens. La prise de Varna donne les magasins et les lieux de dépôt. N'ayant plus d'obstacles sur ses flancs, l'armée russe, dans une seconde campagne, peut déployer des forces irrésistibles, et marcher en avant.

Tel est, au moment où nous écrivons, l'état de la guerre de la Turquie ; sa continuation, avec les suites qu'elle ne peut manquer d'avoir, dépendront de plusieurs causes : 1°. le caractère du sultan ; 2°. les succès de la diplomatie qui va se jeter entre les combattans ; 3°. les dispositions de l'empereur de Russie. Un instant ses armes ont trompé l'attente générale ; si elles ont repris de l'ascendant, il peut être attribué à de douloureux sacrifices, et à ce courage servilement opiniâtre que le soldat russe tient de sa civilisation encore slave, car ici le combat est entre les enfans des Sarmates et ceux des Scythes. L'empereur russe voudra-t-il voiler ou étaler toute sa puissance? rassurer l'Europe effrayée de sa force, ou la dominer par la frayeur qu'elle est propre à inspirer? Ce souverain ne peut-il pas être conduit à sortir de la modération même de son caractère, et de celle de ses premiers plans, par les provocations du sultan, par son inflexibilité? Ne perdons pas de vue l'espèce de contradiction, et de double nature qui existe dans la guerre que se font Mahmoud et Nicolas. Celui-ci dit : *Je veux des garanties pour le commerce de mon empire, et des indemnités pour les frais de la guerre.* Le sultan répond : *Vous êtes naturellement mon ennemi; depuis huit ans vous me dépouillez systématiquement : vous avez juré ma perte; il vaut mieux mourir que rester dans cet état.* Comme l'on voit, voilà des langages bien différens. On sent qu'il est difficile de rapprocher ceux qui pour le tenir, et en le tenant, partent de points si opposés, et aboutissent à des résultats si contraires. Il peut donc arriver que les dispositions de l'empereur russe soient modifiées par celles de l'empereur Mahmoud, de manière qu'en définitif, ce soit celui-ci qui reste l'arbitre de la paix publique de l'Europe, comme il a été celui de l'éclat, et de la guerre qui l'occupe si sérieusement. Pendant que la fortune balançait entre les combattans, les sentimens de l'Europe ne se sont pas tenus secrets : elle applaudissait, sur le Danube, aux succès de ceux à l'expulsion desquels elle travaillait en Morée. Cette explosion renferme des avertissemens pour la Russie, et ceux-ci peuvent entrer dans les calculs auxquels sa position doit la porter.

Maintenant, c'est de celle-ci et de ses effets présens et à venir sur l'Europe que nous avons à nous occuper.

Par l'étendue des possessions de la Russie en Europe, cette contrée se trouve partagée en deux parties, l'une orientale et l'autre occidentale. Toute la première est à la Russie ; compacte, sans lacune, sans voisinage inquiétant, adossée au pôle, couverte par deux mers, par le Caucase et le Danube; la seconde, divisée en vingt populations, étrangères les unes aux autres de langages, de mœurs, d'intérêts, de mode de gouvernement. Nous ne reviendrons pas ici sur ce que, dans d'autres écrits, nous avons dit des formidables attributs qui appartiennent à la Russie; l'orgueil peut en murmurer, la liberté peut en être blessée ; on peut se refuser à reconnaître, à s'avouer à soi-même ce qui déprécie ou ce qui gêne : mais, toutes naturelles qu'elles peuvent être, ces répugnances ne détruisent pas les faits, elles n'ôtent rien au pouvoir de la Russie, et n'ajoutent pas aux moyens de préservation qui restent à l'Europe ; le pouvoir est créé, il ne s'agit plus que de se défendre de ses effets. L'Europe doit avoir des libertés; il n'y a plus qu'à rechercher comment on peut les garantir ; car, ici, c'est de les garantir seulement qu'il peut s'agir.

Il est une incontestable vérité, c'est que l'Angleterre et la Russie sont maîtresses, l'une sur mer, l'autre sur le continent de l'Europe. Tout ce qui a été dit pour ébranler cette assertion, n'a servi qu'à l'affermir.

Il faut fermer les yeux pour ne pas voir le nouvel ordre de notre monde politique; chaque jour ajoutera à la démonstration de son existence. Mais ces deux suprématies diffèrent dans leurs effets comme dans leur nature : celle de l'Angleterre s'exerce sur le dehors, et comme sur l'enveloppe de l'Europe; celle de la Russie agit sur le corps même de l'Europe, avec lequel elle est en contact immédiat. L'Angleterre peut saisir la richesse de quelques-uns, la Russie peut s'en prendre à l'existence même. L'Europe a échappé à la dictature de Charles-Quint, à celles de Louis XIV et de Napoléon; échappera-t-elle de même à la pression bien autrement onéreuse de la Russie? Voilà ce qu'il faut rechercher, avec toute la rectitude de pensées et de sentimens qu'exige un pareil sujet. Songeons donc que, dans cette cause, l'Europe même est en question; qu'à la différence de ses anciens sujets d'occupation, il ne s'agit plus *du plus ou du moins pour tels ou tels*, mais qu'il s'agit du plus haut de tous les intérêts, celui des libertés publiques de l'occident de l'Europe. Il n'est pas à craindre de devenir propriété territoriale de la Russie; mais il ne faut pas subir une *vassalité* politique, ni souffrir une *suzeraineté* incompatibles avec la dignité et la liberté. Or, voilà où l'on en est à l'égard de la Russie, et cet état peut être aggravé par la guerre de l'Orient. En effet, tout ce qui grandira la Russie en territoire, en renommée militaire, l'agrandira en poids et en influence sur les états de l'occident de l'Europe. L'Europe est comme placée dans les bassins d'une balance dont le poids fait descendre l'un à mesure que l'autre monte. Une ligne de démarcation est donc fortement tracée entre l'orient et l'occident de l'Europe, entre les intérêts de l'un et ceux de l'autre, de manière à réduire à la plus simple expression toute la science diplomatique, et à la borner à cette formule : *Êtes-vous de l'orient ou de l'occident de l'Europe*? En arrivant à l'extrême, les questions se simplifient et s'éclaircissent, et les choses en sont venues en Europe, à force de tendre aux extrêmes, à ce degré de simplicité et d'évidence. Par-là même il est encore évident, 1°. que la Russie sera dorénavant l'objet habituel et principal de l'attention de la politique européenne. La Russie n'est pas une hostilité; mais elle est un danger commun, habituel, un poids qui gêne, même en s'abstenant d'écraser. Une position aussi claire épargne la peine de rechercher la conduite que l'on doit suivre, car elle commande visiblement; et cette conduite, pour être utile, ne peut être que l'union de tous les faibles contre celui qui est plus fort que chacun en particulier, et égal à tous ensemble. Par-là l'union devient une nécessité, et tel est aujourd'hui le besoin de l'Europe. J'ai travaillé dans un autre écrit à inculquer profondément cette vérité; je ne reviendrai donc pas sur les raisons exposées dans cet ouvrage; elles sont concluantes pour qui, dans l'examen de pareilles questions, ne se laisse pas entraîner par des préjugés préétablis, ou par un faux point d'honneur qui le porte à rejeter tout ce qui ne place pas son pays sur le premier plan, ou qui l'en fait descendre. La raison et l'utilité ne s'accommodent pas de cette exaltation soi-disant patriotique, et ce patriotisme-là perd son honneur par l'égarement de son application.

2°. L'orient de l'Europe, ou la Russie est plus fort que l'occident; le premier est inaccessible aux coups du second, et celui-ci peut toujours être frappé et blessé par celui-là. La Russie est homogène sous tous les rapports; l'occident est divisé dans les mêmes proportions : des familles royales de l'occident peuvent tenir à la Russie par des liens de diverses natures, et en dépendre; la Russie en est affranchie : il y a la différence du fort au faible, du protégé au protecteur : ce sont des causes de partage et de séparation de la cause européenne, qui ne se trouvent pas en Russie. On en voit la preuve dans l'attitude que la Prusse a prise depuis la guerre. L'occident de l'Europe recèle donc des germes, des principes d'affaiblissement étrangers au sol de la Russie: chez elle, tout se meut d'après une impulsion propre et unique... Dans notre civilisation, la force active des états se manifeste principalement par celle de leurs armées; la Russie en possède une très-imposante par le nombre et par la science; aujourd'hui son instruction égale celle de tout le militaire européen, et l'exercice accroît cette science. La Prusse ni l'Autriche ne peuvent combattre à armes égales, chacune en particulier, contre leur redoutable voisin; tout affaiblissement de l'une retombe sur l'autre; le besoin de l'union entre elles ressort donc de toute part, non pour attaquer et dépouiller, mais pour se défendre et rester libre... Dans cette position, il n'y a plus de Prussiens, ni d'Autrichiens, il n'y a que des occidentaux menacés par les orientaux; je dirai plus, il n'y a plus d'Allemands, ni même de Français; car, si les barrières de l'occident, qui se trouvent en Prusse et en Autriche, cèdent aux efforts de la Russie, ou sont assaillies par elle, quelle sera la liberté ou l'influence du reste de l'Allemagne et de la France? Sur quoi s'appuieront-elles? Il faut donc toujours revenir au principe de l'union, comme la garantie de tous en général, et celle de chacun en particulier, non pour attaquer, comme on l'a déjà dit, mais pour se préserver; le système ne peut pas ne pas suivre la nature de la position qui le crée; celle-ci est toute entière de l'ordre défensif. Le système ne peut pas s'écarter de cette ligne, il faut que l'Europe s'accorde, qu'elle se serre d'un nœud étroit, indissoluble, égal par sa force et par sa durée au danger qui la menace.

Dans cet état de choses, je dirai à la Prusse : Il est vrai, vous avez de grandes obligations à la Russie ; Alexandre vous a retirée du tombeau, il a été votre second créateur ; Frédérick vous avait donné gloire et puissance, Alexandre vous a rendu l'existence; que vous écoutiez le sentiment de la reconnaissance, qu'elle vous fasse la loi de vous abstenir de toute contrariété volontaire à l'égard de la Russie, cette conduite vous sera allouée par tout le monde ; pour dépasser cette borne, n'alléguez pas les liens de famille ; les états ne sont point parens; les hommes peuvent se toucher cœur à cœur, mais les états ne se touchent que par les intérêts. François II n'a-t-il pas précipité sa fille du trône sur lequel il l'avait fait monter, comme une sauvegarde pour lui-même; quand le besoin eut changé, le père fit place au prince; pour le salut de la Grèce, en se voilant le visage, le roi des rois souscrit à la mort de sa fille. Après avoir ainsi rempli les devoirs de la reconnaissance, que la Prusse remplisse aussi ce qu'elle doit à l'Europe et à elle-même; quand la Russie sera devenue plus volumineuse et plus pesante pour les autres, la part qui appartient à la Prusse dans le fardeau commun sera-t-elle diminuée? Quand Rome abattait Antiochus, Persée en devint-il plus puissant? Lorsque Napoléon faisait deux fois signer à l'Autriche la paix sur les glacis de Vienne, la Prusse grandissait-elle en pouvoir et en liberté? Après Iéna, la Russie fut-elle plus forte, et plus libre dans ses mouvemens? Massinissa aida Rome à renverser Carthage; son trône, exhaussé d'abord sur les débris de celle-ci, ne passe pas à son petit-fils... Que signifient des médailles frappées à Berlin pour les victoires des Russes? Comment les porte-voix des succès de ce peuple menaçant pour tous, se trouvent-ils en Prusse? Est-ce donc que la Prusse ne fait point partie du corps de l'Europe? Hors de liaison avec ce corps, qu'est la Prusse? que peut la Prusse? Ce qu'elle a pu dans la guerre contre Napoléon. Ne sait-elle donc pas que les jours d'inimitié survivent aux jours d'intimité, amenés par la suite inévitable des événemens, et de l'opposition que le rapprochement crée infailliblement entre des états voisins?... N'y a-t-il pas eu de ces années d'intimité entre la

Prusse, le directoire, le consulat et l'empire! Un jour les intérêts se sont trouvés opposés, et elle a péri. La Prusse va-t-elle reprendre le rôle qu'elle a joué depuis 1795? car on lui doit la justice de dire que, jusque-là, elle a agi fidèlement dans l'esprit de la déclaration de Francfort, en 1792, et qu'elle ne s'est séparée de la coalition que lorsque celle-ci, par la convention d'Anvers, 2 avril 1793, dénatura le sens de la coalition, et ne s'occupa plus que de dépouiller la France, que la Prusse regardait alors comme son alliée naturelle; la Prusse avait le bon sens de ne pas vouloir travailler à donner des provinces françaises à l'Autriche. Mais, à l'époque 1795, la séparation de la Prusse de la cause commune perdit celle-ci, et donna à la France des facilités pour prévaloir sur des ennemis divisés... C'est par suite de cette ségrégation que la Prusse accéda à la guerre déplorable de 1806; elle s'était applaudie de son *àparte* politique; elle avait assisté dédaigneusement à la ruine de tous les autres, la sienne se trouva dans le premier débat sérieux qui s'éleva entre elle et Napoléon. La Prusse se flatte-elle d'échapper constamment à la même fatalité? Peut-elle répondre que tout sujet de contestation entre la Russie et elle n'existera jamais? Que toujours les souverains de Pétersbourg, maîtres en Pologne, s'accommoderont de la prolongation des états prussiens sur un des flancs de leurs possessions polonaises? Que toujours les princes russes résisteront aux attraits de l'exercice de leur pouvoir? Qu'est la Prusse seule et isolée vis-à-vis de la Russie? Que sont ses deux cent mille soldats, en comparaison de l'armée russe? Dans sa fusion avec le corps de l'Europe, la Prusse a un grand pouvoir, elle y devient un état très-important; séparée de l'association, elle n'est rien; le premier choc avec la Russie la brisera, et alors il ne se trouvera pas en Allemagne un second Alexandre pour la retirer de l'abîme; la seconde chute sera irréparable... Cette position de la Prusse est si claire, elle ressort de tant de considérations évidentes, que l'on peut être fondé à reconnaître quelques signes de frayeur de la part de la Prusse, pour ses démonstrations d'empressement à célébrer les triomphes de la Russie; Berlin, comme Sparte, élève un autel à la peur, et demande aux dieux, par ses *ex-voto*, d'écarter d'elle les orages; les enfans de Lycurgue leur demandaient d'écarter la peur de leurs cœurs... Les joies de Berlin sont trop contraires à la nature des choses pour pouvoir être sincères, même pour le paraître aux yeux de ceux dont il recherche la bienveillance; aujourd'hui, se farder est peine perdue, tous les masques sont percés, la supériorité à Pétersbourg sait qu'elle ne peut pas être sincèrement aimée par l'infériorité à Berlin. La nature des choses proteste contre ces visages rians et ces paroles de dévouement; il est impossible que cette vérité ne frappe point les yeux des Prussiens eux-mêmes, et qu'elle n'opère point parmi eux le partage qui a régné dans leur cabinet, entre ceux qui voulaient de l'alliance française, et ceux qui n'en voulaient pas, partage qui a conduit ce pays à sa ruine. Les Hertzberg, les Luchesini, les Hawgnitz, se croyaient bien habiles, en bornant toute leur perspicacité à *regarder leurs voisins brûler*. Qu'en pensaient-ils le lendemain de la bataille d'Iéna ? Il est des positions qui n'admettent pas le doute, non plus que la satisfaction qu'on peut éprouver à se faire rechercher, à montrer sa force comme poids décisif en faveur du parti auquel on l'accordera; tout cela appartient à la vieille et décevante diplomatie; les positions extrêmes veulent des décisions nettes et puisées dans la nature des choses, et sûrement la nature des choses à l'égard de la Prusse, encore plus pour elle que pour tous les autres, est assez évidente pour n'admettre aucune hésitation dans la direction qu'elle doit suivre... Prussiens, il s'agit pour vous d'être ou de n'être pas; d'être puissance ou simplement satellites d'une autre puissance.

L'histoire est là pour vous guider, et votre mémoire n'a pas d'efforts à faire pour vous rappeler de sévères leçons... Votre patrie saigne encore des aberrations de sa politique pendant la révolution française; gardez-vous de la rechute dans de pareilles fautes, car elle serait mortelle [1].

A Vienne on ne frappera pas de médailles pour la prise de Varna, on n'illuminera pas pour les succès des Russes. Là,

[1] Ce langage est conforme à celui que j'adressai à la Prusse en 1800, dans l'ouvrage intitulé : *La Prusse et sa Neutralité*. Les circonstances actuelles sont semblables à celles de cette époque! la conduite paraît être la même, le résultat le sera aussi; cela est écrit dans la nature des choses, dont les arrêts sont plus sûrs que les versatiles spéculations des cabinets. La Prusse, voisine de la Russie, et célébrant les triomphes de bien plus fort qu'elle! *stupete gentes!*

plus on est rapproché territorialement de la Russie, plus on en est éloigné politiquement. Les intérêts se heurtent en se touchant. Les Russes et les Autrichiens sont venus ensemble à Paris, on ne les rencontrera pas ensemble sur la route de Constantinople. Si le sort les y conduit, ce sera pour s'y combattre et non pas pour s'y entre-aider, comme ennemis et non comme auxiliaires.

Entre états, la jalousie a ses règles comme sa hiérarchie, comme elle l'a entre les conditions privées. La jalousie ne franchit pas à la fois un grand nombre de degrés : elle est égalitaire, elle ne va pas du grand au petit, de ce qui est très-fort à ce qui est très-faible ; ainsi, les grands se jalousent entre eux, et ne jalousent pas le peuple. La Russie ne jalouse pas la Saxe, ni le Wurtemberg. Une supériorité décidée égalise le sentiment; mais il subsiste dans toute sa force entre des états qui ont une consistance suffisante pour la défense propre, et dans certains cas pour la répression. Or, telle est la position de l'Autriche à l'égard de la Russie. Le territoire des deux états se touche sur une grande étendue [1]. Les plus fructueux domaines de

---

[1] Si j'étais propriétaire en Galicie ou bien en Moravie, je me hâterais de porter plus loin ma fortune, car ces deux contrées sont destinées à recevoir souvent les Cosaques, et à servir de grands chemins et de champs de bataille aux armées de la Russie et de l'Autriche. Les voilà dans l'état où se trouvaient les Pays-Bas espagnols, les bords du Rhin et le Milanais, qui, pendant trois cents ans, ont servi de théâtres aux combats de l'Espagne, de la France, de l'Autriche et de la Prusse. La position est absolument la même; les Russes et les

l'Autriche sont exposés aux premiers coups de la Russie; elle peut recevoir la guerre chez elle plus facilement que la faire chez la Russie: tout ce qui peut grandir la Russie, par nature, est donc comme antipathique à l'Autriche. Par-là elle se trouve au pre-

---

Autrichiens se rencontreront en Galicie et en Moravie, comme les Français et les Prussiens se sont rencontrés contre les Espagnols et les Impériaux, dans les Pays-Bas autrichiens, aux bords du Rhin, en Piémont et en Silésie. Voyez en quel état se trouvait la Saxe à la fin de la guerre de *sept ans*, par le séjour des armées prussiennes et autrichiennes qui, inévitablement, se rencontraient sur son territoire. Il en sera de même pour la Galicie et la Moravie: le rapprochement des deux puissances fera que ce sera toujours en ces lieux que l'Autriche et la Russie se mesureront. Toute campagne de guerre entre elles commencera là: heureux si l'Autriche suffit à y maintenir une défensive suffisante.

mier rang de l'opposition que l'occident de l'Europe forme contre son orient, qui est la Russie. L'Autriche est condamnée à une surveillance continuelle de la Russie. Tout succès de celle-ci l'attriste, tout revers la réjouit; car, à chaque alternative, elle sent alléger ou aggraver le fardeau. C'est ce qui explique la conduite que cette puissance a tenue, et le langage dont elle a usé. A Vienne, on dit ce que l'on n'oserait pas dire à Berlin; aussi, pendant qu'à Berlin étaient les Hérauts d'armes des Russes, à Vienne se trouvaient ceux des Turcs. La différence des démonstrations provenait de la différence de la puissance. Mettez à Berlin la force qui est à Vienne, et vous verrez si on y frappera des médailles pour Varna, ou si l'on laissera éclater sa joie pour la résistance des Turcs.

Depuis Charles Quint, l'Autriche est au premier rang des puissances de l'Europe, vengeur de l'équilibre, qu'elle dérangeait elle-même toutes les fois qu'elle en trouvait l'occasion. Ainsi, trois fois elle fit le fond de l'opposition contre Louis XIV. Trois fois elle s'est opposée aux accroissemens de la France républicaine ou impériale. Les circonstances la placent d'une manière permanente dans un système d'opposition à la Russie. Le premier système était de choix; le second est de nécessité et comme de rigueur au temps présent; car alors il ne s'agissait que de combinaisons politiques, l'ennemi était au loin, au lieu qu'ici, l'ennemi est aux portes, et il y va de l'existence. L'Autriche est patiente, riche en matériel de guerre, forte d'un militaire nombreux et comme indestructible, ainsi que l'a prouvé sa présence, pendant vingt ans, sur les champs de bataille de la révolution. L'Autriche est la première ligne défensive de l'occident de l'Europe : elle possède tout ce qui peut la rendre propre à bien remplir cet emploi.

En esprit de prévoyance, l'Autriche a décliné toute participation au traité du 6 juillet : elle se réservait ainsi toute sa liberté pour les événemens dont elle ressentait l'approche plus ou moins imminente. Elle ne voulait pas se trouver liée par les engagemens qui placent les alliés dans un imbroglio d'alliances et d'hostilités entre eux et avec le Grand-Turc. L'Autriche n'a pas cessé de maudire la révolution de la Grèce, soit comme source d'affaiblissement pour son allié naturel, qui est la Turquie, soit comme source de conflits inévitables entre.

elle et la Russie. Quand, à Laybach, l'empereur Alexandre disait que la révolution de la Grèce pouvait amener des résultats incalculables, l'Autriche recueillait ces paroles, elles la pénétraient d'un profond effroi, et toute sa direction a tendu à écarter les tristes réalités annoncées par ces prévisions menaçantes. Aussi l'a-t-on vue à la tête du parti pacifique dans le divan. Toute guerre peut la commettre avec la Russie et doit finir par-là. On sent donc quel intérêt a l'Autriche à écarter tout ce qui peut créer pour elle la nécessité d'une prise d'armes ; par-là même on voit combien un système d'union avec les autres puissances convient à l'Autriche : de plus, puisqu'elle est la plus exposée aux coups de la Russie, et qu'elle est en infériorité de forces avec elle, une union dans laquelle l'Autriche trouvera de l'appui, est tout ce qui lui convient le mieux, et qui lui conviendra davantage, à mesure que cette union aura plus d'intensité.

L'Angleterre ne s'est pas trompée sur ces dispositions élémentaires et comme innées de l'Autriche; car d'emblée elle s'est adressée à elle, et l'on a vu les liaisons se resserrer entre les deux pays à mesure que la guerre de la Turquie s'est développée.

L'Autriche étant la seule puissance du continent qui puisse s'opposer avec efficacité à la Russie, c'est donc à elle que l'Angleterre à dû s'adresser. Pour cela faire, il n'était pas besoin de science, il suffisait d'ouvrir les yeux. C'est ainsi que, dans les trois coalitions que le roi Guillaume fit former contre la France, il commença toujours par s'adresser à l'Autriche : il bâtit son opposition sur ce fondement, estimant avec raison qu'avec elle, il y avait suffisance pour l'objet qu'il avait en vue, et que sans elle, il y avait insuffisance, même avec l'adhésion des puisances qui alors occupaient une grande place en Europe, telles que l'Espagne, la Suède, etc.

L'Angleterre n'a pas besoin d'être excitée à se réunir au corps de l'Europe .pour en former une barrière contre la Russie : au contraire, c'est elle qui excitera les autres à cette réunion tutélaire de la sûreté commune. On la voit, dans ce moment, en relation intime avec l'Autriche : il n'est pas difficile d'en deviner l'objet... En même temps, elle sollicite la France, et sûrement c'est dans les mêmes vues... L'Angleterre s'est liée avec la Russie pour la libération de la Grèce; là, comme la France, elle est entrée dans un double rôle, qui les a conduites toutes les deux à une fausse position ; car toutes les deux veulent la conservation de l'empire ottoman, et, en l'attaquant en Morée, elles peuvent avoir à le défendre sur le Danube. De plus, elles pouvaient avoir à soutenir une guerre directe contre celui qu'il est dans leur intention d'aider contre la Russie ; car il est bien évident que, si les Turcs avaient prévalu contre les Russes, le sultan eût dirigé sur la Morée une partie de ses forces... Alors l'Angleterre et la France avaient une guerre directe avec la Turquie, car le sultan ne se fût point prêté aux subtiles dictinctions de la diplomatie ; mais, écartant sa vaine logomachie, il eût marché droit à son but, et il eût posé nettement l'alternative de l'évacuation de la Morée ou de la guerre... Ce que cette position renferme de *gauche* et de contraire à des besoins éventuels, n'a pas échappé à la prévoyance de l'Angleterre, et c'est par cette prévoyance qu'il faut expliquer sa conduite : elle n'a pas répudié les lauriers de Navarin, comme on l'en a accusée avec inadvertance : mais, ayant toujours devant les yeux l'éventualité de la nécessité de son assistance pour la Turquie, elle a voulu donner à cet acte la couleur la plus propre à diminuer l'irritation du sultan. Celle-ci était bien naturelle ; que dirait le roi George, si les Turcs et les Persans venaient émanciper les Irlandais, et brûler une flotte anglaise dans le port de Cork ou de Dublin ? C'est dans le même esprit que les papiers anglais ont traité de chevaleresque, d'aventureuse, l'expédition française en Morée ; il y avait un *sous-entendu* dans ces paroles, et ce sens caché était celui-ci : *La*

France expose le salut de l'empire ottoman, pour celui de la Grèce : elle sacrifie un intérêt politique du premier ordre à un mouvement de générosité. L'événement de Varna a sauvé à la France, et peut-être même à l'Angleterre, une guerre directe contre les Turcs : s'il eût été le plus fort, on aurait retrouvé dans le sultan l'homme qui a dit[1] : *Tout homme de bon sens, sait que les infidèles sont naturellement enne-*

[1] Voyez la réponse du reis-effendi au ministre du royaume des Pays-Bas. Le ministre turc articule positivement que la Porte va diriger sur la Morée une force capable de chasser l'expédition française, et qu'elle entend terminer par la force la question grecque Il est bien évident que si les Turcs avaient des forces disponibles après celles que requiert leur défensive contre les Russes, elles seraient dirigées contre l'armée française de la Morée. C'est à Varna et en Asie que la France a été affranchie de cette guerre.

mis des musulmans, et que les musulmans sont naturellement ennemis des infidèles; que toutes les puissances chrétiennes aspirent également à la destruction de l'empire ottoman. Des paroles aussi claires, une incompatibilité si profondément sentie et si hautement proclamée, ne laissent pas de doute sur les suites qu'elles auraient eues, si la force eût égalé la résolution... L'Angleterre ne s'est pas fait illusion sur ce point : aussi n'a-t-elle pas cessé de travailler sur l'esprit du divan : on a traité d'intrigues, certaines contrariétés qu'a éprouvées l'ardeur du soldat déposé sur les plages de la Morée ; le principe en était là. L'Angleterre, qui avait négocié à Alexandrie l'évacuation du pays, tendait à éloigner tout acte qui aurait pu porter le sultan à une irritation décidément hostile ;

l'occuper en Morée était servir les Russes sur le Danube, et c'était ce que l'Angleterre ne pouvait pas vouloir. Les guerriers ne voyaient dans l'expédition que le côté militaire; l'Angleterre y voyait de plus le côté politique et l'avenir de la guerre pour l'état qu'elle a intérêt de maintenir... Elle continuera la même marche; et, si des négociations s'ouvrent pendant l'hiver, on les devra en partie à sa persévérance auprès du divan, et à ses représentations à Pétersbourg, jointes à ses liaisons avec Vienne... Les Turcs eux-mêmes, avec leur instinct grossier, ne se sont pas abusés sur cette disposition auxiliaire de l'Angleterre : ils ont placé une confiance sans bornes dans le besoin qu'a l'Europe de ne pas les laisser en proie à la Russie; cette conviction a affermi leur résistance; et, par cet acte de la seule lumière naturelle, ils ont donné une grande preuve de perspicacité et un grand enseignement à l'Europe. On peut croire qu'à Corfou il y a dans le langage de M. Strafford Canning quelque chose de moins incisif que dans celui des autres plénipotentiaires : il les égalerait en hauteur, si derrière la Turquie n'apparaissait pas le fantôme effrayant du géant du Nord. Puis donc qu'il s'agit d'union du continent, on peut compter sur l'Angleterre. Celle qui s'est opposée si constament à Louis XIV, à Napoléon, sera toujours dressée contre la Russie; toujours ses yeux seront attachés sur elle, toujours les nerfs de sa puissance seront tendus contre elle. La liberté du continent est un besoin de l'Angleterre; la Russie menace cette liberté, par-là même l'Angleterre est son ennemie. Une classe de politiques a long-temps recommandé à l'Angleterre la fuite des *connexions continentales*. Hommes à courtes vues, à quoi songiez-vous? Que serait devenue l'Angleterre avec le continent possédé ou soumis par Napoléon? Où aurait-elle placé ses comptoirs, déposé les produits de ses ateliers? Ne voyez-vous pas, depuis Hambourg jusqu'à Venise, s'élever les chantiers où se préparaient les instrumens de la rupture de votre sceptre maritime? L'Escaut, des profondeurs de son sein, eût vomi dans la Tamise des escadres qui eussent renouvelé pour vous les affronts que vous reçûtes de Tromp et de de With. Le bon sens de votre pays a repoussé vos cris : votre opposition les proférait pour embarrasser le ministère; et Fox, celui qui disait au CONSUL CAMBACÉRÈS, *L'Angleterre*, *monsieur*, *l'Angle-*

terre, c'est le monde! s'il eût été ministre, en renonçant aux connexions continentales, Fox aurait craint d'exiler sa patrie de ce même monde, dont il la représentait comme un si grande partie [1].

---

[1] En m'exprimant ainsi sur le compte de l'Angleterre, je ne me dissimule pas à moi-même l'espèce des contradictions auxquelles je m'expose; *il est Anglais*, vont dire des hommes qui regardent comme du bon air et d'un *mérite* patriotique de ne parler de l'Angleterre qu'avec mépris ou réprobation; il est commun chez beaucoup d'hommes de dire, en parlant des Anglais, c'est un peuple mercantile, uniquement occupé de ses intérêts, toujours porté à l'intrigue et à la violence; c'est sur ces données qu'ils jugent tout ce que fait l'Angleterre. Depuis quelque temps, l'usage est d'insulter le chef de la nouvelle administration anglaise. Les locutions bizarres, *il est Anglais, il est Russe*, adoptées depuis vingt-cinq ans pour quelques hommes, répondent à tout. M. de Ségur rapporte, dans son Histoire de la

Encore plus que l'Angleterre, la France est adhérente au corps de l'Europe et ne

---

campagne de Russie, que Napoléon répondait aux observations du duc de Vicence sur les difficultés de cette guerre, *en voilà un qui est Russe!* Eh bien, je suis Anglais comme M. de Vicence était Russe. J'apprécie, d'après les faits et ma raison, la ligne de conduite présente et à venir de l'Angleterre; j'appuie mon jugement sur la nature des choses, et, dans celle-ci, il n'y a ni Anglais, ni Français, ni Russe; en tout, je cherche la raison et la justice, et ne ressens d'aversion que contre le mauvais esprit et les mauvaises intentions. Que l'Angleterre devienne injuste envers la France, et l'on verra si je suis Anglais. Dans cet écrit, je ne suis pas ennemi de la Russie, je ne suis qu'ami de l'Europe; je vois les dangers dont la menace la force démesurée, incalculable de la Russie; j'en cherche le remède, car je suis Européen; je l'indique en même temps que le mal, et voilà tout. Dira-t-on pour cela que je suis anti-Russe. Que la Russie soit provoquée injustement, et l'on verra si je suis anti-Russe. C'est d'après ces antipathies

peut en être détachée : elle y tient par ses intérêts politiques autant que par l'adhé-

---

irréfléchies, et dont souvent on voit même tirer vanité, qu'a été jugée la conduite de l'Angleterre en Portugal, comme les résolutions relatives aux blocus qu'elle a reconnus; tandis que l'Angleterre ne s'est pas écartée de ce qu'elle avait annoncé en envoyant un corps de troupes en Portugal; alors, elle dit : *Je ne me mêlerai pas de la question intérieure; mais si l'Espagne attaque le Portugal, d'après mes traités avec lui, je m'y opposerai.* Si les *constitutionnels* portugais, qui d'ailleurs n'ont fait que des maladresses qui les ont perdus, comme ceux de Naples et d'Espagne, ont conçu d'autres idées d'après la présence des troupes anglaises, ils ne peuvent imputer qu'à eux-mêmes les résultats de leurs illusions. M. Canning avait parlé assez clairement pour qu'ils se tinssent pour avertis; aucun homme de bon sens ne s'y est trompé. Dans cette circonstance, l'Angleterre a tenu à l'observation d'un principe bien supérieur à l'issue de l'affaire privée du Portugal, celui de la non-intervention dans les affaires intérieures des

rence matérielle... Il est bien à désirer que tout ce qui se mêle de la direction de ce

---

autres nations, principe qu'elle avait établi dans la question de l'Amérique et dans celle d'Espagne, principe qui eût sauvé l'Espagne, principe qui eût sauvé à la France les centaines de millions que lui a coûté son intervention infortunée dans les affaires de ce triste pays. D'ailleurs a-t-on calculé qu'une guerre, faite par l'Angleterre à l'Espagne, pouvait la commettre avec la France? A cette époque, le gouvernement de l'Espagne était en grande faveur parmi nos gouvernans. On se souvient des cris que jeta le parti représenté par la majorité de la chambre septennale, et comment elle appelait aux armes. Le ministre anglais, en se tenant à la lettre et dans les limites de son traité, faisait donc une chose très-sage et très-conservatrice de la paix générale de l'Europe. Il eût été fort heureux de sauver les institutions portugaises; mais fallait-il acheter cet avantage au prix d'une guerre peut-être générale, et du sacrifice d'un principe aussi important pour l'ordre social que l'est celui de la non-intervention dans

pays, entende bien sa situation réelle, ne la subordonne pas à des souvenirs plus ou

---

les affaires intérieures des pays étrangers? L'indépendance est le principe conservateur de l'existence de ceux-ci, et quel que parfaites que fussent des institutions, par cela même qu'elles seraient données par une main étrangère, elles devraient être rejetées. Quant aux blocus reconnus par l'Angleterre, on transporte la question du droit à un homme. De ce que don Miguel est un usurpateur, on a conclu que l'on devait méconnaître le blocus. C'était intervenir directement dans les affaires du Portugal, et méconnaître le principe général du droit de blocus; celui-ci consiste dans l'efficacité d'interdire l'accès d'un lieu par la présence d'une force suffisante pour l'empêcher. Par-là on prévient les blocus indéfinis, les blocus sur le papier, d'après lesquels, sans y avoir un vaisseau, on déclarait tout un littoral en état de blocus. On a demandé l'effectif du blocus sans remonter à la cause qui le produit; car la recherche de celle-ci rendrait juge entre les deux partis, et conduirait jusqu'à interdire à des partis la fa-

moins anciens, plus ou moins pénibles, à des sentimens exaltés, de quelque nature qu'ils puissent être, ou de quelque source qu'ils puissent découler; ici il s'agit du positif, et de l'avenir : le passé n'est plus; il se perd dans un ordre entièrement nouveau, c'est à celui-ci qu'il faut pourvoir, par conséquent, c'est à lui seul qu'il faut songer [1].

---

culté de se diviser et de se combattre, chose absurde, et capable de blesser chacun à son tour. J'espère qu'on ne me soupçonnera pas d'aucune affection pour ou contre tel ou tel membre du cabinet anglais. Je n'ai et n'aurai jamais de relation avec lui; j'apprécie leurs actes d'après le droit et ma raison. Si je m'égare, qu'on me le montre; la vérité démontrée ne me trouvera jamais rebelle.

[1] En prononçant ces paroles; j'éprouve autant d'affliction que pourront en ressentir ceux qui les

L'état politique de la France, en définitive, est celui-ci, *ne pouvoir rien gagner*,

---

liront. Je n'ai pas fait le destin, je ne sais que révéler ses arrêts. Le vrai service à rendre à la France n'est pas de nourrir ses regrets, ou de la porter à de dangereuses espérances, mais il consiste à lui faire accepter ce qui ne peut être changé. Les cupidités allemandes qui, en 1815, aspiraient aux dépouilles de la France, ne sont pas éteintes; on les retrouverait toutes, si on leur donnait quelque prétexte pour se remontrer. Aussi n'est-ce pas sans éprouver un sentiment pénible, que l'on rencontre des écrits qui exposent des plans de transvasement d'états pour arriver à conclure, en faveur de la France, à la réintégration dans ses limites naturelles. On ne peut pas rendre un plus mauvais service à la France, que de se livrer à l'inconsidération de pareilles publications. Le patriotisme, séparé de la prudence, peut devenir bien dommageable.

C'est avec le même discernement que d'autres écrivains, parlant souvent *des mécontentemens de la Pologne*, *des esclaves frémissans de l'Italie*,

ni rien perdre: c'est un état fixé; plus de Belgique, plus de ligne du Rhin, plus de

---

des fermens existant encore dans l'armée russe contre le souverain actuel; on les voit travailler à démontrer à la Russie et à l'Autriche l'intérêt qu'elles ont à se démettre de la possession de la Pologne et de l'Italie. Quelquefois des correspondances particulières sont un tissu d'insultes contre le chef du cabinet autrichien; on lui attribue la direction complète de la conduite tenue par don Miguel, et, se démentant lui-même quelques lignes plus bas, celui qui publie avec le ton de la certitude ces imputations, cite une autre correspondance, d'après laquelle l'empereur d'Autriche a renvoyé à don Miguel, sans les décacheter, les lettres qu'il lui avait adressées, suivant en cela l'exemple des autres souverains qui ont fait le même état des lettres de cet homme, rejeté par la souveraineté européenne. Dé bonne foi, où veut-on arriver avec cette direction, et quelle utilité en retireront la France et le corps politique de l'Europe?... et hors de ces intérêts, à quoi bon écrire?

Piémont; tout cela a été, mais ne peut plus être; les regrets sont superflus sans le pouvoir, et ridicules vis-à-vis de l'impossible; la raison conduit à la résignation, et y place des consolations. Toute démonstration ambitieuse de la part de la France rencontrerait une opposition générale, et l'exposerait à perdre plus qu'elle ne pourrait gagner; cela peut être triste, contrariant, mais l'Europe est constituée de manière à rendre ce résultat inévitable; il faut le dire, en s'exposant même aux contradictions, parce qu'elles ne doivent pas arrêter, lorsqu'il s'agit de servir... Nous le répétons, tel est l'état de la France, par rapport aux puissances de l'Europe; la géographie est toute en protection pour la France à l'égard de la Russie! Elle ne peut donc nourrir aucune inimitié, aucune prévention contre elle; aucune crainte n'arrête l'essor de son action, ou n'influe sur son jugement; il n'est point de position plus favorable pour bien asseoir le choix d'une action; la France est donc en mesure de ne céder qu'aux motifs les plus propres à frapper une raison dégagée de toute influence étrangère, affranchie de tout ce qui peut la troubler... Or, quel intérêt plus grand, plus sensible, plus immédiat peut l'affecter, que celui de la liberté du continent, et celui de son maintien contre la puissance qui réunit les propriétés propres à la menacer?... Comment la France resterait-elle étrangère et comme impassible à ce qui émeut si vivement l'Angleterre? Dans son isolement, l'Angleterre peut attendre plus long-temps que ne le peut la France. Elle fait partie du continent; elle en ressent les mouvemens, elle doit donc en partager les charges; elle ne doit pas seulement offrir son appui, elle doit aller jusqu'à violenter pour le faire accepter, car elle ressentirait les effets d'un refus qui ne pourrait manquer d'avoir des suites désastreusés! Dès que la Russie paraîtra d'un côté, la France doit se montrer de l'autre; par sa présence, qu'elle raffermisse les faibles, rassure les timides, élève les forts à l'égalité, ou même à la supériorité contre l'ennemi commun; qu'elle porte partout la lumière et la vie, qu'elle infuse, pour ainsi dire, son âme à tous; tel est le rôle que les circonstances ont créé pour la France, rôle frappant d'évidence par sa clarté, rôle de gloire et de lumière, rôle de sûreté pour elle comme pour les autres, et qui fait de la France la réserve de l'occident de l'Europe, contre toutes les attaques de l'orient... La France est l'arrière-garde de l'occident européen, comme la Prusse et l'Autriche en sont les avant-postes; c'est à la France à proclamer la nécessité de ce grand système fédératif de l'occident, dans un but défensif; qu'elle ne se laisse pas prévenir dans cette honorable carrière par l'Angleterre; il y va de sa considération politique. Déjà l'Angleterre en a pris l'initiative par son rapprochement avec l'Autriche; des cœurs vraiment français en éprouvent de la tristesse. Ce serait attirer la France vers une grande erreur, que de lui persuader que la sagesse consiste à regarder faire, à se ménager pour placer son action au moment de la fatigue ressentie par les contendans; déplorable politique que celle-là, maigre héritage des temps passés! Un grand état n'est pas fait pour se borner à regarder, à attendre, sa place est à la tête de tout et dans l'initiative; quand l'Autriche sera affaiblie, arrivera-t-on à temps, en paraissant à la fin de la lutte? Il ne faut pas songer seulement à terminer les luttes, il faut les empêcher de naître! C'est ce que produit la vue d'un grand pouvoir, toujours dressé contre qui veut troubler... La France est désirablement partagée pour remplir ce beau rôle, et hors de lui, on ne voit plus quel emploi elle peut trouver pour son état militaire; car, dans l'état actuel du monde, n'ayant rien à gagner nulle part, ne pouvant pas perdre, une armée de 240,000 hommes excède évidemment ses besoins, et grève ses finances d'une charge sans compensations... Au contraire, dans le système que nous exposons, la force disponible de la France équivaut à la dignité du rôle qu'elle remplit, et son utilité forme le dédommagement des sacrifices qu'elle s'impose.

De ces considérations sur le système général que les circonstances commandent à l'occident de l'Europe, passons au fait particulier de la guerre qui a lieu en orient... On ne peut les séparer; ici se présentent plusieurs questions, et, pour les résoudre, il faut poser quelques principes :

1°. Une barrière est nécessaire du côté du midi oriental de l'Europe; voilà qui est certain; mais qu'elle sera-t-elle? Sera-ce la Turquie ou le nouvel état de la Grèce? Quel que soit le choix entre les deux, il faut toujours revenir au besoin d'une barrière et la déterminer; mais qui doit guider ce choix? Ce qui peut le mieux satisfaire au besoin de cette barrière, ce qui est le plus capable de la consolider. Là, deux choses sont à observer : 1°. la résistance que la Turquie opposera à la Russie, et l'état dans lequel la guerre la laissera ; 2°. l'aptitude réciproque des deux états à avancer en civilisation, principe efficient de la force des états. Si, dans la lutte que la Turquie soutient contre la Russie, la première montre courage, force et habileté, il faut la garder, elle pourra remplir la destination désirée ; si, au contraire, elle est brisée dans le choc, si elle tombe dans toutes les fautes qu'engendre l'incivilisation, il faut l'abandonner, s'en séparer, car elle ne peut plus servir, elle est incurable par sa barbarie innée; il faut lui chercher un remplaçant qui, exempt des mêmes vices, pourra rendre les services qu'on attendrait d'elle vainement. L'Europe ne tardera pas long-temps à savoir à quoi s'en tenir, car l'épreuve se fait dans ce moment. Il faut voir si les Turcs soutiendront le début qui a étonné tout le monde, trompé les calculs que l'expérience autorisait à former contre eux, ou s'ils ont dû la faculté de se montrer moins défavorablement, à des calculs erronés faits par leurs ennemis. On doit s'attendre que, mieux avisés, ceux-ci, dans la campagne prochaine, déploieront une masse de forces, dont au début de la guerre ils auraient cru l'emploi superflu.

Voilà donc un premier point fixé, celui de la nécessité d'une barrière. La conséquence nécessaire est donc le soutien de cette barrière, si par elle-même elle se trouve trop faible contre son puissant assaillant; ainsi, dans le cas où la voie serait fermée à toute négociation, par l'exaspération des deux contendans, ou bien, si le succès ne couronnait pas les efforts des négociateurs; dans ce cas, dis-je, quel parti prendre? Se borner à regarder et à juger des coups? Mais, si la Russie prévaut, que devient la barrière? Remettre à intervenir, quand la supériorité des armes russes serait trop marquée? Mais alors le vainqueur sera-t-il plus traitable? Mais dès aujourd'hui, l'inégalité des armes n'est-elle pas évidente? Qui vaut le mieux, demander de sortir de Constantinople, ou bien empêcher d'y aller? Mais, comment en barrer le chemin? Il faut le dire; par l'opposition la plus ferme et la plus virile... Ici point d'hésitation, point de tâtonnemens; mais franchise et vigueur, appel aux intérêts généraux de l'Europe... La Russie a dit : *Je demanderai des indemnités pour les frais de la guerre, et je ferai garantir la liberté du commerce de la mer Noire...* L'Angleterre a demandé ce qu'on entendait par ces paroles; la réponse n'a pas été faite... Mais les choses répondent, que les indemnités devront exister en proportion des frais de la guerre, et que plus, par la guerre, le commerce aura souffert, plus on sera exigeant pour les garanties qui lui sont promises. Ici se découvre donc un horizon sans bornes, et la plus simple prudence ne commande-t-elle pas de se placer à son entrée plutôt qu'à son extrémité? Dans cette étrange querelle, vont se montrer trois choses : 1°. l'imbroglio résultant du traité du 6 juillet, d'après lequel les alliés de la Morée peuvent être ennemis sur le Danube, et alliés sur le Danube de celui qu'ils combattent en Morée. 2°. La difficulté de la question de la possession des Dardanelles, question toute neuve, et qu'ont amenée les immenses accroissemens de la Russie vers le midi, et les progrès de la civilisation dans cet empire; ces deux principes se réunissent pour forcer en quelque manière le passage de ce détroit, qui est le seul chemin vers la Méditerranée. La liberté de ce passage importe au reste de l'Europe autant qu'à la Russie elle-même; car, il est bien évident que la mer Noire va devenir le siége d'un commerce toujours croissant; par conséquent, les routes qui doivent y conduire ne sauraient être trop libres; mais c'est pour trouver et assurer le moyen de cette liberté, qu'il y aura à travailler plus laborieusement peut-être que fructueusement. 3°. La tendance du siége de l'empire russe à descendre du nord au midi; il faut être près de ses affaires, et celles de la Russie ne sont plus au nord; elles ont passé au midi; d'immenses distances rendent les déplacemens pénibles [1]

[1] Témoins les voyages à travers toute la Russie, de l'empereur Alexandre et de son épouse à Taganrok, tous les deux morts dans ces contrées; le voyage de l'empereur Nicolas et de sa femme à Odessa et à Varna (tout âge n'admet pas également les longs déplacemens); le temps mis par la garde impériale pour venir de Pétersbourg à Varna; le déplacement des chancelleries ministérielles. Il y a des choses qu'on ne voit qu'une fois; parce que Napoléon combattait, administrait, faisait tout, veillait à tout en voyageant; on ne peut pas faire de même en Russie. La civilisation des pays que parcourait habituellement Napoléon, offrait mille moyens qui manquent à la Russie; et quand il se fut enfoncé dans les glaces du nord, pendant vingt-huit jours de silence de sa part, que se passait-il à Paris? Les vastes états ont de grands inconvéniens; mais combien ne s'accroissent-ils pas,

pour les hommes, dispendieux pour l'état, incommodes pour les subordonnés, affaiblissent la surveillance, et sont, dans la conduite des affaires, la source d'une foule d'inconvéniens; la fréquentation des climats méridionaux, la familiarité avec leurs productions, feront ressentir plus péniblement l'âpreté et la stérilité du ciel et de la terre du septentrion; la Newa a trouvé

---

lorsque la capitale est excentrique à l'empire et au foyer de ses affaires!

L'événement du général Mallet donne la juste mesure de l'opportunité des plans d'après lesquels Napoléon aurait pu et dû prendre des quartiers d'hiver en Russie. Il savait bien que son pouvoir était à Paris; aussi est-il revenu de la Russie, comme il était revenu de l'Égypte. S'il fût resté en Russie, six mois après y aurait-il eu des batailles de Lutzen et de Bautzen qui le ramenèrent jusqu'à l'Oder?

des rivaux dans les fleuves qui, de toutes les parties de la Russie, affluent vers la mer Noire... Le principe de ce grand déplacement, caché sous les anciennes relations politiques de la Russie, va se révéler par les nouvelles qu'ont créées les pas qu'elle a faits vers le midi et dans la civilisation.

Si l'empire turc périt en Europe, il ne périra point pour cela en Asie; ce dernier pays est le siége principal de sa puissance; car on ne compte en Europe que *deux millions de Turcs et sept millions huit cent mille hommes de populations* mêlées; tandis qu'en Asie se trouvent *cinq millions de Turcs et six millions d'autres populations.* On voit par-là que, si l'on se décidait pour la fondation d'un empire grec en Europe, on y trouverait un premier fonds de population de huit à neuf millions d'hommes, qu'un gouvernement éclairé et la civilisation ne pourraient manquer d'accroître rapidement. D'après ce plan, on aurait deux barrières contre la Russie, une en Asie et l'autre en Europe; et ce partage serait fort bien approprié au nouvel état de cette contrée, depuis que les conquêtes récentes de la Russie sur la Perse ont porté cet empire beaucoup au-delà du Caucase, et lui ont livré le littoral occidental de la mer Caspienne.

Mais tout cela appartient au domaine des futurs contingens, dont la direction des cabinets peut seule décider : deux choses seulement sont certaines et fixes jusqu'à ce jour : 1°. l'absolue nécessité de l'union des membres du corps de l'Europe occidentale; 2°. en cas d'opposition à la Russie dans la guerre actuelle, en cas de négociations pour empêcher la ruine de l'empire ottoman, le besoin de la célérité, de la vigueur, de l'opposition la plus formelle. L'occident de l'Europe doit faire son choix et dire : Je veux la Turquie ou la Grèce : ici point de partage, point de demi-mesures : l'Angleterre, l'Autriche, la France, doivent se montrer formant un faisceau indissoluble pour la préservation de l'Europe : une opposition partielle, par exemple, celle de l'Autriche seule, est plus propre à irriter la Russie qu'à l'intimider; celle-ci, dans ce cas, pourrait trouver des alliances; mais elles ne se formeront pas, si ces trois grands pouvoirs se montrent à la fois. Les cabinets, avec juste raison, veulent le maintien de la paix ; cette opposition unanime peut seule la maintenir; une querelle particulière ne porte pas aux mêmes réflexions, qu'une conflagration générale; la vue d'un tel incendie peut arrêter beaucoup de choses; la Prusse qui, en déviant de la ligne de conduite que tout lui conseille de suivre, pourrait s'opposer à l'Autriche, en aide de la Russie, y regarderait à deux fois, si elle voyait la France dressée de son côté en aide de l'Autriche; la France et l'Autriche réunies à l'Angleterre, pourraient amener avec elles, la Bavière, le Wurtemberg et le Piémont; la Russie se trouverait alors vis-à-vis d'une opposition capable de la contenir. Mais, je le répète, ce préservatif ne peut se trouver que dans le concert immédiat, et fortement prononcé des grandes puissances; alors l'Europe éclairée leur applaudira; si elles agissent divisément, elles le feront sans efficacité pour l'objet qu'elles ont en vue et avec dommages pour elles-mêmes; l'opinion de l'Europe les délaissera ; les peuples ne ressentiront pas ce que leurs chefs n'auront pas senti les premiers ; les peuples accueilleront très-bien un langage de sûreté générale et de préservation que leurs chefs leur feront entendre; les peuples ne se refusent jamais à un intérêt rendu sensible; la Russie apprendra qu'elle peut trouver des barrières et une répression. Il n'est pas d'autre moyen de lui persuader de la modération dans l'exercice de son pouvoir ; une opposition mal concertée n'est propre qu'à lui montrer qu'elle peut s'en affranchir. L'occident de l'Europe est menacé, c'est à lui de veiller pour lui-même, et à s'appliquer la formule de Rome aux jours de danger, *videant consules, ne quid detrimenti respublica capiat.*

De cette revue de la carrière politique parcourue en Europe depuis 1814, passons à celle de la marche qu'ont suivie ses libertés publiques. Celles-ci ont aussi formé un objet principal de l'occupation des cabinets... Voyons de nouveau le point d'où l'on est parti, la route que l'on a parcourue, et le but qui a été atteint.

SECONDE PARTIE.

Ici ma tâche devient plus laborieuse, et surtout plus épineuse. Tout à l'heure, je cherchais à tout voir et à dire tout ce que je voyais; maintenant j'ai à tempérer l'expression et l'impression de ce que j'ai vu, et de ce que je puis voir encore. Pour juger les faits matériels, il ne faut pour ainsi dire que des yeux; leur partie visible conduit à la connaissance de celle qui ne l'est pas; mais des observations, des soins attentifs, sont requis pour suivre et assigner la marche d'une direction, qui souvent ne se révèle que par ses effets:

il faut pénétrer dans l'intérieur d'une action, dont le secret, souvent couvert de voiles étendus par l'intérêt, a de plus été placé sous la protection du silence. Il faut interroger ce silence même, et le faire parler, sans indiscrétions imputables. Telle est la différence qui existe entre les deux parties de cet ouvrage, différence dont je ressens tout le poids; car la première n'est que le tableau de l'Europe politique depuis 1814, qu'on peut n'avoir pas beaucoup d'intérêt à déguiser, au lieu que la seconde renferme celui de l'Europe sociale depuis la même époque, tableau que l'on peut croire avoir des raisons de cacher. Mais, pour que ce tableau ait de la vérité et de l'utilité, et celle-ci ne se sépare jamais de la première, j'ai besoin de remonter un peu haut. Les événemens de la politique simple, ordinaire, peuvent n'avoir pas de précédens lointains, et, pour ainsi dire, d'ancêtres; au lieu que les événemens de la sociabilité ne peuvent en manquer. Chez eux, comme dans les grands ouvrages de la nature, tout se fait par transition; si, dans l'ordre physique, les saisons s'enchaînent et se succèdent par une gradation continue, si le fruit sort insensiblement de l'enveloppe fleurie sous laquelle reposait son germe; si l'homme consomme un long cours d'années dans le passage de l'enfance à la virilité, de même la sociabilité humaine, c'est-à-dire les principes et leur application à l'ordre social, a eu comme son enfance, et n'est parvenue à son plein développement, qu'à l'aide du temps et de la consommation de beaucoup de siècles et de générations. Je me borne à indiquer ses progrès et ses phases diverses en Europe.

Quatre époques principales se font remarquer dans l'histoire de la civilisation de cette contrée :

1°. Les temps de l'esclavage domestique, presque toujours suivi de l'esclavage politique ;

2°. Le régime égalitaire apporté par les barbares, régime d'après lequel les vainqueurs, égaux entre eux, se partageaient la domination sur les vaincus, qu'ils attachèrent à la glèbe, en permutant l'ancien esclavage contre le vasselage : de ce régime naquit le gouvernement féodal ;

3°. L'aurore de la civilisation entrée dans le monde avec les grandes découvertes du seizième siècle, et les commotions religieuses de cette époque ;

4°. Le développement complet de la civilisation sociale produit par la révolution française.

La loi générale de l'esclavage n'admet pas la sociabilité humaine; au contraire, elle en est le tombeau; esclave et sociétaire sont deux mots qui s'excluent mutuellement; le libre consentement de la volonté pour s'unir, l'avantage réciproque des sociétaires, sont le principe et le but de toute association; cela ne se trouve pas entre le maître et l'esclave, la volonté de celui-ci est contraire à sa condition; car, par le penchant indéfectible qu'il tient de la nature, il tend continuement vers la liberté. Tant qu'a duré la loi générale de l'esclavage, on peut dire que la sociabilité humaine n'a pas existé; le nom même de son principe, qui est la liberté et l'égalité, ne pouvait pas être prononcé; car en tous lieux, en tout temps, sur le Tibre, comme sous les tropiques, il a fait et il fera uniformément des Spartacus et des Toussaint-Louverture; qui ne rompt pas sa chaîne quand il en a la faculté? Aussi, les contrées les plus réputées par leur sagesse, les mères des codes, des sciences et des arts pour toutes les autres, n'ont-elles pas connu la véritable sociabilité : elles admettaient l'esclavage. Pour porter les premiers coups à celui-ci, il fallait que le Nord s'ébranlât : comme ces volcans qui déchargent au loin les feux qui brûlent leurs entrailles, remuées dans leurs fondemens, les régions du septentrion vomissent à pleins flots les peuplades qu'elles recélaient et qui les surchargaient; diverses de formes, de langages, de mœurs, de cultes, semblables seulement et égalitaires en ignorance et en barbarie, car tout ce qui est ignorant est barbare, elles apportent, avec elles, une liberté sauvage résultant de l'indépendance d'individu à individu, de l'absence de liens entre eux; chez ces hommes nouveaux, tout provient de la volonté; aucun ne se doit à aucun, les chefs sont le résultat d'un choix commun; communs sont le conseil, le combat, le butin; l'égalité, la liberté sont pour tous les vainqueurs, la servitude est reléguée parmi les vaincus, comme indignes des premiers; et de cette servitude même, ces hommes, imprégnés d'idées d'égalité, ne veulent que la partie utile, ils se réservent le travail du serf, et le délient pour tout le reste; l'homme reste attaché à la glèbe, mais son esclavage personnel finit... Ce changement fut la suite nécessaire de l'état de pasteur qui était celui de ces hommes vivant dans des climats de glace, et de leur état d'hommes d'armes; on ne manie pas à la fois l'épée et la charrue, et ces peuples guerriers étaient aussi peu familiarisés avec l'usage de la seconde, qu'habitués à celui de la première; la culture rabaissait leur condition ; ils y appliquèrent les vaincus ; leurs penchans se sont transmis à tout ce qui, dans les états modernes, a formé les premières classes, abandonnant comme au-dessous d'elles le travail et l'industrie aux classes inférieures, pour se réserver exclusivement le maniement des armes... De là naquit la féodalité ; telle a été la transition de l'esclavage personnel à la vassalité ; celle-ci ne faisait encore qu'abaisser la barrière par laquelle l'ancien esclavage séparait les hommes de la sociabilité véritable; ils y tendaient par leur nature; ils allaient y entrer, mais après avoir parcouru le long espace, qui sépare l'établissement de la féodalité et son règne, de l'introduction de la réformation sociale, qui enfin éclata au seizième siècle. Il est curieux de suivre l'enchaînement des causes avec leurs effets. Parmi ces barbares, chacun se saisit de tout ce qu'il put s'approprier; de là cette foule de souverainetés, entre lesquelles chaque pays se trouva partagé, il est vrai, avec des conditions et sous des titres divers, mais toujours, sous une loi générale de liberté et d'égalité, au titre principal, celui de la souveraineté : ce qui existait entre ces souverains, descendit dans le fond des nations; chacun y resta libre et indépendant vis-à-vis des chefs; de là ces champs de mars et de mai, ces états qui, en chaque contrée, partageaient le pouvoir avec le prince, les priviléges du clergé, de la noblesse, les assistances du peuple, les noms d'aides et de subsides, donnés aux moyens de pourvoir aux besoins publics, tous monumens de liberté et d'égalité entre les chefs et les peuples. Dans quelques parties de l'Europe, telles que la Hongrie et l'Espagne, cette liberté s'était revêtue de formes âpres et sauvages; assujetti à plus de convenances, ailleurs, le partage du pouvoir n'en avait pas moins lieu; une femme célèbre a dit avec raison[1], *qu'en Europe, le droit d'aînesse appartenait à la liberté, et non pas au despotisme.* Il était inévitable que des hommes, qui passaient leur vie sous les armes, n'eussent besoin de la classe assujettie; le besoin

---

[1] Mme. de Staël.

crée la dépendance ; les vassaux devinrent plus libres à mesure qu'ils se sentirent plus nécessaires. De plus, il était inévitable que la guerre consommatrice et l'oisiveté stérile ne créassent de fréquens besoins pour tous ces hommes d'armes ; pour y satisfaire, ils *vendirent de la liberté.*

Mais il n'était pas moins inévitable, qu'entre tous ces égalitaires en titres, il ne se rencontrât des inégalités réelles sous les rapports de la puissance, inégalités qui portaient le faible à rechercher l'appui du fort, qui le faisait acheter par des cessions ; celles-ci, en réduisant les petites souverainetés, tournaient au profit de la liberté générale ; enfin, il était indispensable que, dans le tumulte causé par ces chefs secondaires, le plus puissant ne prévalût sur les autres, et ne grandît son pouvoir propre au nom même de l'intérêt de tous... Alors, les rois de France affranchirent les communes, coup mortel porté à la féodalité; ils affranchirent le peuple pour s'affranchir eux-mêmes, par son bras, d'une foule de compétiteurs turbulens, avec lesquels il y avait sans cesse à compter. En vérité, on sent comme descendre de sa hauteur actuelle ce grand trône de France, quand un roi de la troisième race doit se rencontrer avec un sieur du Puget, seigneur de Montlhéri. Certes, ce n'étaient pas des esclaves que les hommes qui avaient imposé les *pacta conventa* aux monarques polonais, qui avaient fait accepter le droit d'insurrection aux souverains de la Hongrie, et le serment d'Arragon aux rois d'Espagne. Toute origine est petite, souvent celle des plus grands fleuves est imperceptible.

Voir et juger, voilà tout l'homme : son œil cherche des objets sur lesquels il puisse se reposer, qu'il puisse mesurer et apprécier. Chez lui, le rayon visuel fait l'office d'une main qui tourne en tous sens les objets, pour en fixer justement les proportions ; à son tour, l'esprit fait la même opération, et compare les objets entre eux pour tirer de leurs rapports leur juste appréciation. Mais, quand les objets sont bornés en nombre et en étendue, sur quoi la vue s'exerce-t-elle, et le jugement porte-t-il ses arrêts? Ici la pauvreté devient mère de l'ignorance et de l'erreur. Mais agrandissez cet horizon, mettez en présence des nations qui s'ignoraient, créez des instrumens à la fois propagateurs et conservateurs de tout fait, de tout art et de toute pensée; retirez l'esprit humain de l'enseignement propre à le fausser; rendez-le à sa liberté native, et vous allez voir comme il courra dans cette carrière nouvelle, aussi dégoûté de ce qu'il laisse derrière lui, qu'étonné et avide de ce qu'il voit devant lui. Voilà précisément ce qui advint pour lui au seizième siècle. Déjà le quinzième lui a légué le plus précieux des héritages : l'imprimerie est inventée; par elle l'immortalité est assurée à l'esprit de l'homme, comme par sa nature elle l'est à son âme. Cet esprit devient indestructible comme elle; mais il la surpasse par la faculté qu'il reçoit de cet art nouveau de s'étendre, de se multiplier et de se fortifier par sa prodigalité même. Au milieu de son cours, ce même siècle avait vu succomber Constantinople : en chassant devant elle les arts et les sciences, nobles exilés, la barbarie semblait avoir voulu reprendre à l'avance ce que l'imprimerie allait lui faire perdre. Dès lors, l'esprit humain essaie en tout genre ses nouvelles forces : il mesure le ciel, lui donne des lois nouvelles, remet chaque astre à sa place, rétablit sur son trône inébranlable le roi majestueux du ciel; et, ramenant la terre à ses pieds, il lui interdit d'usurper désormais l'immobilité qui n'appartient qu'à lui; en attendant que, plus tard, il fasse descendre la foudre du sein de la nue qui la recèle, il s'en crée pour lui-même, ministres bruyans et rapides de ses passions et de ses intérêts, rivales du tonnerre. Pendant ce temps, les uns se précipitent par des routes inconnues vers les lieux où l'astre du jour reprend son cours radieux; d'autres, attirés par un instinct irrésistible, vont aborder des rivages dont l'existence même n'était pas soupçonnée; le monde s'ouvre de toute part; aucun voile ne couvre plus aucune partie de son enceinte, et l'homme entre enfin en possession de la totalité de la demeure que le ciel lui a préparée. Déjà il avait cessé de demander aux étoiles de le guider au milieu du labyrinthe des mers; il avait trouvé un conducteur plus fidèle dans l'aiguille amante du nord... Sous sa dictée, le nautonnier affranchi des embûches de l'océan, en mesurant la distance qui le sépare du pôle, pourra toujours mesurer celle qui le sépare du port qu'il recherche. A cette immense impulsion, dont l'effet se portait principalement sur l'ordre extérieur du monde, vint se joindre une nouvelle qui en atteignit l'ordre moral : ce n'était pas en vain que depuis un demi-siècle les sciences avaient passé dans l'occident de l'Europe; jamais la culture de l'esprit humain ne restera sans fruits : dès qu'il connaît, il désire, et dès qu'il veut, il peut; sa droiture naturelle le place en opposition avec l'erreur reconnue, et le porte à la mettre en fuite. C'est ce que l'on vit à cette époque; la raison humaine, épurée, fortifiée, voulut sortir des langes dans lesquelles des autorités de toute nature la retenaient : elle reprit sa direction propre, qu'elle semblait avoir oubliée ou abdiquée. Dès lors les doctrines, qui avaient régné en souveraines absolues, furent interrogées, citées elles-mêmes à répondre ; d'antiques respects s'effacèrent, le doute méthodique détruisit l'enseignement fantastique, et prit son autorité; les droits acquis par le laps du temps furent soumis à l'examen, on leur demanda de montrer leur droit, et, par une double action, une réforme dans l'ordre social se plaça à côté d'une réforme dans l'ordre religieux, il était bien difficile qu'il en fût autrement : un grand changement dans le culte ne peut guère aller tout seul ; en atteignant les idées des hommes, il atteint nécessairement leurs codes, et ceux-ci sont la représentation et les images de l'esprit des peuples.

Mais cette grande époque n'était encore que le laboratoire de la sociabilité ; en tout, l'aurore précède et annonce le jour. Les croisades et la chevalerie n'avaient rien fait pour elle ; la folie n'est pas le chemin de la raison. Pour arriver à la sociabilité, et la fonder sur ses vrais principes, l'esprit humain avait besoin de passer par les siècles littéraires, comme un instrument doit acquérir toute sa force et son poli pour bien remplir son office ; il fallait passer par

Corneille et Racine pour arriver à Voltaire, à Montesquieu; les occupations, charmes de l'esprit, devaient précéder et comme s'épuiser, avant qu'on entrât dans les occupations graves et profondes qui ont pour objet les principes, fondemens de la sociabilité. Les siècles littéraires sont les précurseurs nés et naturels des siècles philosophiques; ces études ont formé le fond des travaux du dix-huitième siècle. Voltaire donne le signal, à la fois littérateur et philosophe, et comme participant de la nature des deux siècles qu'il a vus s'éteindre et naître; et voilà, qu'accourant à sa voix, Montesquieu, Rousseau, et toute cette grande école académique, qui, forte de la protection de toutes les muses, et de celle de la raison, brillante de tout l'éclat du génie, resplendissante des clartés immortelles que répandaient sur elle ses chefs glorieux, parcourt le monde depuis la voûte des cieux jusqu'aux entrailles de la terre, la société, depuis ses fondemens jusqu'à ses sommités, arrache *au fait* son autorité, enseigne aux hommes qu'ils s'appartiennent à eux-mêmes, que le *droit* est pour eux une propriété commune et incontestable, que la raison doit régler tous les mouvemens de la société, comme la tête préside à tous ceux du corps, et que c'est à elle, vrai pilote des sociétés, qu'il appartient d'en tenir le gouvernail. Lorsque la raison se montre ainsi au milieu du cortége éblouissant du génie, lorsqu'elle entre si profondément dans les intérêts de l'homme, il est impossible qu'il n'embrasse pas avec ardeur ce qui favorise si éminemment ses plus chers intérêts; tous ses sentimens le portent dans la direction de lumières aussi propices ; c'est la voix de la nature qu'il entend, et à laquelle il obéit. La révolution de 1789 trouva l'Europe dans ces dispositions ; *il n'était pas une fibre du cœur humain qui ne fût un lien avec elle* ; là, d'une vue nette et d'une voix ferme et soutenue, furent reconnus et proclamés les vrais principes de la sociabilité ; l'Europe y répondit par ses acclamations, et le monde en tressaillit d'espérances. Les Européens n'avaient fait qu'entrevoir la révolution première de l'Amérique ; trop de distance les séparaient d'elle ; mais ils s'identifièrent avec celle de la France, dont la position centrale, et une espèce de dictature dans les lettres, le langage, les arts et les mœurs, avaient fait le centre et le régulateur de la civilisation ; les principes de 1789 ébranlèrent l'ancien édifice social de l'Europe, plus encore que la réformation n'avait ébranlé celui de Rome : là aboutit et fut consolidée cette grande réformation sociale, qui, sous des formes diverses, par le progrès naturel de l'esprit humain agissant lui-même en raison des progrès de sa liberté, descendant du haut des âges, avait cheminé lentement, mais sûrement, jusqu'au moment marqué pour son enfantement. Il était arrivé ; aussi cette révolution n'est-elle pas un événement privé pour la France, et renfermé dans son enceinte seule ; elle a une portée beaucoup plus étendue. Une révolution de principes, surtout sociaux, n'a pas de limites; *les dynasties de principes* sont éternelles, celles des conquérans peuvent ne faire que paraître ; aussi, bon gré mal gré, cette révolution, comme disait Gustave III, fera-t-elle le tour du monde ; elle fera la réformation universelle de l'humanité ; voyez l'Europe de 1789 et celle de 1828 ; quelques jours ont suffi, et l'Amérique, rétardataire en civilisation sous le joug de l'Espagne, s'est chargée avec célérité du joug doux et léger de la civilisation ; déjà elle envahit un domaine musulman, et pénètre au pied des Pyramides.

Que cette révolution ait été exposée à de vives contrariétés, quoi d'étonnant ? Il n'est pas d'usage que le pouvoir se cède sans contestation ; dans cette solennelle occasion comme dans beaucoup d'autres, on a vu les intérêts privés regimber contre les intérêts généraux ; mais, faible et partielle, cette défense n'a pu arrêter la marche de ceux-ci, et bientôt ils ont effacé et laissé loin derrière eux leurs compétiteurs. Certes, il fallait un grand fonds de lumières et d'amour de l'humanité pour travailler à reporter *le droit* à la place ou *le fait était* en possession de régner; il fallait de la force et du courage, pour entreprendre de faire ainsi rebrousser le monde vers son origine, et lui rendre sa clarté primitive, en déchirant tous les voiles qui le couvraient. Maintenant il est à découvert; les principes sont connus, constatés; les règles de l'architecture sociale sont fixées comme celles de l'architecture purement matérielle; désormais l'erreur n'a pas plus de prise sur l'une que sur l'autre. Avant cette époque, l'ignorance était le principe du malheur, l'homme était une victime involontaire; maintenant quand il souffre, il ne peut plus l'imputer qu'à lui-même, car il connaît à la fois le principe de son mal, le remède, et le droit qu'il a de le faire appliquer. Aussi, quelles que soient les couleurs et les injures dont on ait peint et chargé l'assemblée de 1789, elle n'en est et n'en sera pas moins le plus grand bienfait qu'ait reçu l'humanité; c'est le plus grand effort qu'aient fait les hommes pour leur réhabilitation dans l'ordre social. Que sont des maux partiels, passagers et locaux, en comparaison de la foule des biens qui par elle ont été produits, et étendus à tout l'univers? les plus ardens déclamateurs contre cette assemblée sont compris dans les jouissans de ses bienfaits, et on les voit, pour se défendre, lui emprunter ses principes, et s'en faire tour à tour des épées et des boucliers.

Dans le début, cette révolution ne fut pas mieux comprise par les grands pouvoirs européens, qu'ensuite elle ne fut combattue par eux : elle rencontra de leur part plus d'irritation qu'elle ne leur apporta de lumières; accoutumés à l'usage du glaive matériel, ils méconnurent la nature et la force de ce pouvoir moral; chez quelques-uns, la colère se changea en dédain; ils méprisèrent ce qu'ils n'entendaient pas [1]; ils prirent une révolution sociale pour une de ces émeutes que l'on est assez fort pour arrêter à son jour, à son heure. Cette

---

[1] Le duc de la Rochefoucault-Liancourd s'empressa de rendre compte à Louis XVI du mouvement produit à Paris le 14 juillet 1789. *C'est donc une révolte?* dit le roi; *C'est bien plus, sire,* répondit le duc, *c'est une révolution.* Dans beaucoup d'autres lieux on dit aussi, *c'est une révolte; nous châtierons les rebelles.* Souvent il a fallu compter avec ces rebelles; on en a vus devenir rois.

heure ne devait pas arriver; quand le combat direct s'engagea, ces pouvoirs ne purent et ne surent pas le soutenir; ils combattaient en dehors de l'arène véritable; bientôt en collision entre eux, leurs intérêts ne purent sympathiser ensemble. L'assemblée de 1789 fut une tribune, une école d'enseignement social, élevée au milieu de l'Europe, à la face de l'univers. Celle qui la suivit, ne fit que creuser et charger la mine destinée à faire voler le trône en éclats; quand les acteurs naturels cèdent, sur la scène, la place aux classes qui ne doivent jamais y monter, le théâtre étale les passions de l'homme dans toute leur énergie; une intrépidité féroce brave le danger, crée des armes affreuses, se joue dans le sang, et de cette fange même, fait quelquefois jaillir des éclairs de génie et d'héroïsme. La

Convention avait sillonné la France de traces de feu; le Directoire la tacha des souillures habituelles chez les ambitions dépourvues d'élévation. Aurore des grands jours de l'Empire, le Consulat s'occupa de rassembler les membres épars de la société et de recueillir les débris de la sociabilité; et quand l'édifice parut affermi, on lui donna pour faîte une couronne qui se brisa à force de s'étendre. Construit contre les règles qui donnent la solidité, cet édifice n'a pu atteindre la durée. Les écussons dans lesquels le glaive impérial avait découpé l'Europe, ont survécu seuls à cette couronne, dont ils formaient l'appendice: à la différence des ruines ordinaires, la colonne est tombée, et les ornemens sont restés. Vingt ans de combats avaient pu fatiguer les bras, épuiser les trésors; mais l'infatigable esprit humain, celui qui ne connaît ni lassitude, ni interdit dans la poursuite de la vérité une fois connue, pendant que les forces matérielles s'affaissaient, sentait la sienne grandir; pendant que les rois s'humiliaient, les peuples rugissaient; leur dignité parlait à leurs cœurs, à mesure que son sentiment baissait ostensiblement dans leurs chefs; sous la main même qui les dépéçait, qui les façonnait, les peuples criaient aux rois : Rendez-nous la liberté et nos bras vous la rendront; laissez-nous sortir de l'esclavage, et nous vous ferons sortir de l'abaissement... Tel a été le contrat sous lequel l'Allemagne a marché deux fois à Paris; la nationalité violée se révolta, comme le plus pénible sentiment que puisse éprouver l'homme, comme le plus indestructible de ses penchans. On le voit; c'est elle qui, après six cents ans du plus affreux esclavage, s'est retrouvée toute vivante dans la Grèce; c'est elle que, sous un triple couteau, réclame la Pologne, qu'implore l'Italie en deuil; c'est elle qui, au premier choc, a brisé le faisceau hétérogène que l'épée avait formé avec des mains attirées de Rome et de Hambourg, pour fraterniser à Paris sur le même autel... Parmi les hommes, le sang fait les frères; parmi les peuples, c'est la nationalité... Les intérêts matériels de la politique, les guerres, le soin d'attaquer, de se défendre, de se rétablir, avaient absorbé l'attention des chefs des gouvernemens de l'Europe; 1814 les surprit dans cette occupation; là, au sein du repos, appuyés sur des masses compactes et obéissantes, ils reprirent haleine, courage, et leur direction primitive et innée vers le pouvoir, et l'éloignement des peuples à sa participation. Ils avaient accepté le bienfait de leur assistance; il fallait en payer le prix, il était demandé. Là, commença un nouvel ordre de choses; obtempérer à ce vœu par un acquittement large et sincère des promesses faites au jour du besoin, était accepter et préparer l'accroissement de la réformation sociale, et la supériorité du *droit sur le fait*; car tous les gouvernemens de l'Europe viennent *du fait* changé en *droit*; et, à le bien prendre, à regarder au fond des choses, tout le tumulte dont l'Europe retentit depuis 1789, et dont elle retentira pendant des siècles, n'a pas d'autre principe ni d'autre but. La substitution du *droit* au *fait*, la règle indiquée par la nature de l'homme, par sa raison, par les élémens de la société, à la place des produits du hasard, de la violence des uns, de la faiblesse ou de la cupidité servile des autres; voilà le point fixe auquel l'Europe rapporte tout, et rapportera tout, jusqu'à la fin. Mais c'était précisément cette question, trop bien comprise par les gouvernemens, qui allait régler leur conduite; dès-lors toute leur attention, tout leur art a été d'éviter la cession demandée, et de reporter les promesses à d'autres objets que ceux qu'elles avaient dans l'esprit des réclamans; les gouvernemens ont travaillé avec persévérance, accord dans ce but, et avec un bonheur trop malheureux pour les peuples [1].

---

[1] *Extrait de la lettre de M. de Metternich au comte de Berstett, ministre de Bade.*

(1820).

1°. Le temps avance au milieu des orages; vou-

La lettre du prince de Metternich au comte de Berstett, ministre de Bade, est le monument le plus irréfragable de cette

---

loir arrêter son impétuosité serait un vain effort. De la fermeté, de la modération, de la sagesse, et enfin de l'union, voilà ce qui reste encore à faire.

2°. La marche faible que le ministère français a tenue de 1817 à 1820, la tolérance accordée en Allemagne aux doctrines les plus dangereuses, les abus de la presse, la précipitation avec laquelle on a donné aux états du midi de l'Allemagne des constitutions représentatives, toutes ces causes ont imprimé l'élan le plus funeste.

3°. Le maintien de tout ce qui existe, doit être le premier, comme le plus important de nos soins. Il ne faut dévier d'aucune manière de l'ordre existant de quelque nature qu'il soit.

4°. Une charte n'est pas une constitution proprement dite.

5°. Attention scrupuleuse des gouvernemens sur leur propre administration.

6°. De nos jours, le maintien de tout ce qui

direction; elle en donne le fil et en montre la marche depuis le principe jusqu'au résultat. Les œuvres des congrès et de la diète germanique de Francfort en découlent et en font foi. Ainsi, en place des institutions réclamées et promises en 1813 et 1814, achetées au prix de tant de sacrifices pour le raffermissement des trônes ébranlés, pour le rétablissement des couronnes tombées, l'Allemagne a eu des états historiques auxquels elle ne songeait guère, et une commission de Mayence qu'elle désirait encore moins. Le plan des

---

existe, est le moyen le plus propre de conserver et peut-être même *de recouvrer ce qui est déjà perdu*.

Notez ces dernières paroles, elles méritent d'être retenues.

gouvernemens a été évidemment celui-ci : *Éviter les difformités, causes légitimes de plaintes pour les peuples en même temps que d'affaiblissement pour les gouvernemens, mais garder le pouvoir ; continuer à partir du fait comme droit, et non du droit comme principe de l'ordre social ; car, c'est ce mot de droit social, qu'à aucun prix, à aucun titre, le pouvoir ne peut se déterminer à tolérer ; proscrire, effacer, faire oublier, s'il était possible, les principes des sociétés, les présenter comme les principes de la destruction de la société, dont ils font la base et la force ; leur attribuer tous les maux qu'ils sont destinés à prévenir et à guérir ; ne plus frapper les peuples, mais les endormir, pour en disposer plus facilement.* Toute la direction politique de l'Europe, depuis 1814, est renfermée dans ce peu de mots. En quelques lieux, le despotisme s'est montré sous des formes hideuses; à ces traits on reconnaît l'Espagne. Un attentat antisocial a rejeté Naples dans les fers; on s'est empressé d'éteindre le nouveau soleil qui allait répandre sur ce sol des clartés rivales de celles dont brille son ciel [1]. Le Piémont a subi une égale oppression. Ce beau royaume, dans lequel l'Italie se complaisait à voir le berceau d'une nationalité nouvelle, n'a fait que servir à grossir le nombre des ca-

---

[1] Nul début n'a égalé celui du parlement de Naples; les Anglais témoins de son entrée dans une carrière aussi nouvelle, ne revenaient pas de leur étonnement; sa perte a été une calamité pour le pays, pour l'humanité, pour la haute éloquence tribunitienne, la première de toutes.

sernes allemandes. Dans ces tristes contrées, l'esprit humain condamné à la dégradation, à l'enfance, à l'éternité de la minorité, a été remis à la garde de mille superstitions : on a tenté sur lui, ce que font ces mères sauvages, qui pétrissent la tête de leurs nouveau-nés, pour leur imprimer des formes hideuses ou bizarres. Les prétextes (quand les prétextes manquent-ils?) n'ont pas manqué à cette direction ennemie de la sociabilité. Pour échapper à l'effet de ses propres promesses, pour arrêter un élan bien légitime vers la liberté sociale, on a créé un fantôme de démagogie qui n'existait pas; on a exploité avec ardeur et perfidie les attentats[2]

[2] Le crime de Sand, l'attentat sur M. d'Ibel sont des crimes privés, comme celui de Louvel.

de quelques fanatiques, pour en tirer des inductions et des armes contre les masses, attentats qu'une conduite conforme au

---

Ces actes sont le produit de ces grandes commotions qui agitent quelquefois les grandes sociétés. Après les tempêtes, les rivages se chargent d'écume, mais cette écume n'est pas l'Océan. Quelques ignorans s'imaginent qu'une grande commotion ne laissera pas de traces et tombera tout-à-coup comme par enchantement. Quelques enfans se masquèrent sous le costume de Wittikind : n'y avait-il pas de quoi incendier une masse froide telle que l'Allemagne? Il y avait du concert entre les écoliers des universités : n'y en avait-il pas entre les gouvernemens, pour refuser aux peuples ce qu'ils leur avaient promis? Est-ce donc qu'il y a quelque chose à attendre des pétitions et des requêtes, quand il s'agit des droits sociaux? Qu'un Prussien les réclame, il passera sa vie à Spandau, avec le docteur Janh; il ferait beau voir ce qui adviendrait d'un Milanais qui réclamerait les droits sociaux, d'un Vénitien qui parlerait de la répu-

droit et aux engagemens contractés, eût empêché de naitre. Échappés au naufrage, les gouvernemens se mirent à dis-

---

blique! Ce sont ces dénis de justice, au moyen de la force, qui ont fait ces sociétés secrètes. On crie: elles troublent la société! Otez la cause, elles disparaîtront. C'est ce que la commission de Mayence a fort bien établi dans le rapport de ses travaux, travail tout-à-fait inconnu en France, et qui donne les explications les plus importantes sur les grandes conspirations de l'Allemagne. Il s'est trouvé qu'elles ressemblaient à la grande conspiration *de Louvel, faite par lui tout seul*, comme l'a montré le procès instruit à la Chambre des Pairs. Cependant, c'est sur ce fondement qu'ont roulé les mesures des gouvernemens, et les machinations des ennemis des institutions. Ils savaient bien à quoi s'en tenir; mais ils trouvaient là une mine abondante de prétextes et d'armes, à l'exploitation de laquelle on s'est livré avec ardeur et succès. L'explication de tout ce qui s'est passé est là, et non ailleurs.

puter avec les ex-voto qu'ils avaient faits; autant en font les matelots, plus craintifs que consciencieux; autant en font des emprunteurs d'une probité insuffisamment affermie. Voyez les publications de la diète de Francfort, sur ce que l'on doit entendre par la promesse de donner des institutions. Il est évident que les gouvernemens ont porté leurs concessions vers un autre objet que celui qui était dans l'esprit des peuples. Quand le souverain de la Prusse, porté sur les bras de ses sujets, noble et touchant pavois, remontait sur son trône arrosé de leur sang et de leur sueur, était-ce à des tronçons d'États, bizarrement formés, ne partant d'aucun droit, et n'en conférant que de vulgaires ou d'illusoires, que se rapportaient leurs vœux et leurs sacrifices? De pâles images de l'ordre vraiment social apparaissent de loin en loin sur le sol germanique, qu'avaient soulevé, embrasé l'amour de la liberté et ses douce sespérances. A Munich, à Stuttgard, à Carlsrhue, on rencontre de ces fantômes; ailleurs, leur ombre même n'a pu pénétrer. Encore, ces maigres établissemens ont-ils été l'objet des plus vifs reproches, des poursuites les plus actives de la part de ceux qui, entrés plus avant dans le système, voyaient dans ces *caricatures* de l'ordre social, une déviation au système général d'amortissement des peuples et de fuite de la réformation sociale[1]. Voilà les deux

[1] M. de Metternich, revenant d'un congrès d'Italie, a dit, à son passage à Inspruck: *L'abbé de Pradt a dit que le genre humain est en mar-*

points qu'il faut savoir bien distinguer dans la direction des gouvernemens depuis 1814: ils veulent ôter les sujets à la plainte et garder l'empire; ils veulent qu'un bonheur matériel leur donne le droit de dire aux peuples : De quoi vous plaignez-vous? Ils voudraient éteindre dans la jouissance d'un bonheur matériel, jusqu'au désir de la jouissance du droit social, bien mieux, jusqu'à sa connaissance. Ils sont revenus au point où, dans toute l'Europe, sous mille formes, les souverains ont aminci, effacé, fait oublier les *États* qui existaient partout, et ont établi leur pouvoir absolu sur la négligence, la lassitude, l'oubli, et quelquefois la corruption; car c'est

---

che, et que rien ne le fera rétrograder; eh bien, nous travaillons du moins à l'arrêter.

ainsi que les *Etats*, parties intégrantes de toutes les constitutions de l'Europe, ont disparu à peu près partout. Les souverains savaient bien que prendre le pouvoir est tout, et que sa reprise est une affaire immense et presque sans exemple. N'est-ce pas dans cet esprit ennemi de la réformation sociale, que tout ce qui, en Allemagne, tendait à ranimer l'esprit national, a été proscrit, poursuivi, effacé? On a voulu des Allemands continuateurs du despotisme, on n'a pas voulu des Germains créateurs du gouvernement représentatif. Si Montesquieu avait découvert son berceau dans ses forêts, on se souciait fort peu de l'y replacer une seconde fois. N'est-ce pas dans ce but que les Suisses, réputés par leur hospitalité, ont été forcés d'abdiquer ce glorieux privilége?

Croit-on que toutes les leçons faites à l'Espagne et au Portugal, ne se bornent pas à ces deux mots? *Modération, mais point d'institutions. Rendez de la légèreté à votre main; réservez toute sa pesanteur pour les institutions et pour ceux qui y aspirent; occupez-vous de borner l'esprit humain, car c'est là l'ennemi véritable....* Je me trompe beaucoup, si tout ce qui se passe en Europe, dans l'ordre de la sociabilité, a une autre origine, une autre tendance et un autre but. La preuve de l'existence de ce système se trouve dans le soin que les ministres des grandes puissances, restés à Paris après les événemens de 1815, mirent à tempérer la fougue du parti que cette catastrophe avait saisi du pouvoir. On les vit, pendant plusieurs années, travailler à le contenir, à le tempérer, à soutenir le ministre contre lequel frémissait ce parti ; on ne doit pas douter que les mêmes calmans ne fussent présentés et recommandés par les mêmes ministres dans les autres états restaurés du midi de l'Europe ; car on doit aux souverains allemands la justice de dire que, excepté dans le grand-duché de Hesse, l'immodération ne s'est pas montrée parmi eux ; la chaleur et l'exaltation ont été le partage des souverainetés méridionales. Quand le nouveau grand-duc de Hesse a voulu donner une constitution, n'a-t-il pas été arrêté dans l'exécution de cet honorable dessein ? N'est-ce point dans le même esprit, que l'ordonnance d'*Andujar* a été annulée ? Tout en parlant de modération, le comité directeur de l'Europe ajoutait-il : Donnez des institutions là où il n'y en a pas ; épurez, améliorez là où il y en a? Non, certes; il se bornait à dire : N'effarouchez pas les peuples, fuyez ce qui peut les porter à l'irritation; jetez sur leurs blessures le baume de la modération, c'est le vrai dictame pour les plaies des nations. Cette indication est si exacte, que l'Angleterre elle-même ne s'est retirée de la coopération avec la Sainte-Alliance, que lorsque les prétentions de celle-ci à intervenir dans les affaires intérieures des états, la menacèrent de la placer dans une attitude incompatible avec ses principes constitutifs. Ceux-là ont bien mal jugé leur marche, qui ont prêté aux gouvernemens des idées de sévices ou de violences sur les peuples. Leurs vues étaient bien plus profondes : ils savaient que les peuples ne s'endorment pas dans les rigueurs, mais dans le bien-être; ils auraient voulu noyer à la fois les sujets de plaintes et les idées de liberté sociale dans les jouissances d'un bonheur matériel, qui, loin d'être jamais un sujet d'inquiétude pour les gouvernemens, tourne toujours au profit de leur pouvoir. L'essentiel, dans l'esprit des gouvernemens, était d'arriver à faire tomber cet élan vers la liberté rationnelle dont, aux jours du besoin, ils avaient tiré un si grand parti, et de détourner les esprits de la contemplation de ses principes. Il en a été des gouvernemens comme de Rome : jadis le Vatican tonnait sur les trônes; depuis que l'ordre rationnel a élevé les peuples en face des trônes, Rome s'est réunie à ceux-ci contre l'esprit des peuples; le temps, qui donne à tout une face nouvelle, a réuni dans un même faisceau, les armes que d'autres inimitiés avaient créées, et leur a donné un autre but. Aussi, n'y a-t-il rien de plus vide de sens, ni à la longue de plus fatigant, que les rappels éternels de Grégoire VII, de Boniface VIII, de Sixte-Quint, comme si les empereurs marchaient encore contre le Capitole, comme si celui-ci serait encore reçu à mettre les états en interdit, et comme si la civilisation accepterait ce que l'ignorance recevait à genoux. Elle a brisé ce glaive qui apparaissait aux yeux des mortels consternés, comme celui de l'ange exterminateur; l'homme n'adore plus, il honore; il a repris l'usage de sa raison, et celle-ci circonscrit le respect dans des limites sans exagération ni bassesse. Revenir autant que possible au passé par une pente douce, sans secousses, par ces chemins faciles qui portent mollement le voyageur au terme de sa course, telle a été l'application des gouvernemens depuis 1814. M. de Metternich l'a dit dans sa fameuse lettre : aussi, dès que les tribunes ont apparu, on a fondu les armes à la main sur Naples, Turin et Madrid; à son tour, celui-ci s'apprêtait à en faire autant sur Lisbonne, si sa tribune s'y fût affermie. Ce concert prouve évidemment l'existence et la généralité du système : les tribunes de France et d'Angleterre paraissaient aux gouvernemens suffire pour ce qu'ils se souciaient de rencontrer et de laisser germer de science sociale parmi leurs peuples. Chacun a craint d'avoir à ses portes des sujets de comparaison qui pouvaient devenir pour les peuples des objets d'envie. Dans cette vue, l'Autriche n'a pas pu supporter à Naples une tribune qui eût pu se faire entendre jusqu'à Venise; Vienne a tremblé de celle qui se fût élevée à Berlin. A son tour Berlin redoutait celle de Cassel, Madrid celle de Lisbonne; là même où ces chaires d'enseignement mutuel éprouvent moins de contradictions, on redoute qu'en se multipliant, les tribunes, s'appuyant l'une sur l'autre, ne se prêtent une force réciproque, et ne conduisent irrésistiblement à leur perfectionnement. Toute la question est là : lorsqu'un changement se manifeste dans la société, toutes les questions finissent par aboutir à une seule, qui y forme un point rayonnant propre à éclairer toutes les autres. *Le changement social avance-t-il? recule-t-il?* Tout le reste n'est qu'accessoire; ainsi, pendant cinq cents ans, il n'y a eu qu'une question dans l'univers : Qui avance ou recule du christianisme ou du paganisme? La réformation ramena la même question; dans ce cercle plus resserré, toute la question se réduisit de nouveau aux progrès de la lutte engagée entre le catholicisme et le protestantisme; les jours actuels offrent un spectacle semblable. En 1789, il y a eu divorce entre l'ancien et le nouveau monde, entre l'ancienne et la nouvelle sociabilité. De quel côté avance-t-on, recule-t-on? Voilà tout ce qu'il y a à considérer; hors de là tout est oiseux; les gouvernemens l'ont bien senti : ils ont dressé leurs batteries en conséquence.

Ne perdons pas de vue les deux principes de cette déduction : *Tempérance dans l'exercice des pouvoirs; restriction dans la réformation sociale.* Si je me trompe, que l'on indique donc la signification réelle de ce qui se passe simultanément dans toute l'Europe. La guerre contre les libéraux en Espagne, en Italie, en Portugal, sous des noms différens, *negros*, *francs-maçons*, *carbonari*; le jésuitisme, soldat né de tout despotisme; la persécution ardente contre la presse; l'imprimerie chargée de chaînes, à défaut de pouvoir être détruite, tolérée comme un mal nécessaire; l'esprit humain déclaré suspect, rebelle par nature; la science traitée comme la propriété matérielle, scindée en deux classes pour la grande et la petite propriété; en Allemagne, la presse, les écoles disciplinées comme des casernes; la Russie, fermant ses portes et revomissant l'étranger qui était venu suppléer à ses moyens encore faibles d'éducation; la Suisse, fermée aux exilés politiques; Genève même, Genève, honorée par le berceau de Rousseau, par le voisinage de Ferney, a été enrôlée dans cette croisade contre l'esprit humain, tout y a pris part, et a marché de front contre lui.

Toute la série des faits, avec leurs conséquences, nous a conduits à ce point culminant de la question. L'état actuel et son principe sont bien connus; mais d'eux va naître un grand et nouveau problème; le voici : La liberté sociale est-elle en proportion avec la civilisation existante? La réformation sociale marche-t-elle à hauteur avec les accroissemens de l'éducation des nations? Plus éclairées, sont-elles plus libres? Le problème est tout neuf; aussi pour le résoudre, ou du moins pour le faire bien concevoir, ai-je besoin de mettre en présence deux cartes, 1°. celle de la géographie de l'Europe, 2°. celle des libertés actuelles en Europe. Je marche, quoique de loin, sur les traces de M. Charles Dupin.... La confrontation de ces deux cartes et de la situation actuelle, constatera la *statistique* des libertés de cette contrée.

En Espagne, Ferdinand a déclaré qu'il ne relâcherait jamais rien du pouvoir qu'il tient du ciel. En Portugal, c'est encore pire, s'il est possible; on a renvoyé au-delà des mers ce que les rivages américains avaient envoyé de liberté. L'Italie entière, remise aux mains des jésuites, a moins de liberté sociale qu'au temps des empereurs : alors, Rome avait encore un sénat; le sceptre de l'Autriche change en chaînes tout ce qu'il atteint. La Russie et le Danemarck sont légalement sous le pouvoir absolu, quoique exercé modérement. Tels sont les vastes domaines possédés encore en Europe par le despotisme, et l'espace dans lequel l'espèce humaine y est exhérédée de tout droit social. D'autre part, la Suède et les Pays-Bas jouissent d'une organisation régulière ; la Bavière, le Wurtemberg, Bade, sont, il est vrai, sortis de l'ancien régime absolu, mais sans entrer encore dans le vrai système social. Reste donc, pour l'ordre provenant des vrais principes de la sociabilité, la France et l'Angleterre. Ainsi; existent sous le pouvoir absolu, 83,000,000 d'hommes; sous un régime constitutionnel, 54,000,000 d'hommes ; sous un régime mi-parti d'arbitraire et de constitutionnalité, 18,000,000 d'hommes; sous un régime plus *légal* et tempéré que vraiment constitutionnel, 8,000,000 d'hommes. Comme on voit, la supériorité reste encore au despotisme pur, soit en surface, soit en population ; et dans la zone opposée, qu'aperçoit-on encore ? deux états seulement, dans lesquels les bases de l'ordre social sont posées et établies, quoiqu'à des degrés divers de profondeur et d'étendue, quoique exposées à plus ou moins d'attaques; car si l'établissement y est uniforme, l'acceptation et l'interprétation ne le sont pas. La statistique matérielle des libertés publiques en Europe est donc bien fixée. Voyons maintenant la statistique morale de cette contrée, dans le même ordre, soit par elle-même, soit par rapport à ce qu'elle était antérieurement à 1814.

Une masse immense de civilisation, c'est-à-dire de lumières, et de tout ce qu'elles enfantent, circule dans la société actuelle, la vivifie, porte toutes ses forces dans une progression ascendante, et lie ensemble toutes les parties de l'humanité. Celle-ci, épurée au feu de ces nouvelles clartés, a déposé sa rouille dans les creusets de la réformation sociale entamée depuis trois cents ans : on ne peut s'empêcher de voir, de sentir, de toucher, pour ainsi dire, l'immense supériorité de l'humanité moderne sur l'ancienne. C'est une de ces vérités qui, pour être senties, n'ont besoin que d'être énoncées. Que ceux qu'elle contriste descendent en eux-mêmes, et qu'ils disent s'ils voudraient échanger leur condition sous la civilisation moderne, pour celle qu'ils auraient eue sous l'ancienne, celle de leurs pères, et dans un âge encore récent. Les peuples sont donc arrivés à un haut degré de force morale. En 1789, la France l'avait montré; elle s'était accrue, depuis cette époque; les semences fécondes jetées par elle avaient porté leurs fruits. En 1808, l'Espagne, que l'on croyait vierge de toute philosophie, étonna le monde par le spectacle des progrès qu'elle avait faits chez elle. Une constitution complètement sociale s'élabora à Cadix, dans la salle même que perçaient quelquefois les bombes ennemies, laissant les auteurs de cet acte sans distraction, comme sans effroi. En même temps, toute cette zone éclairée[1], qui s'étend de Kœnigsberg aux

---

[1] Cette zone est la plus éclairée de l'Allemagne, et peut-être de l'Europe entière; elle abonde en universités, en écoles, en hommes de lettres, de sciences, d'arts, laborieux, savans, modestes; les villes de commerce y sont très-multipliées, et, Paris excepté, car il fait exception à tout, on ne trouverait pas, même en France, une bande de

bords du Rhin, fermentait: réchauffée par l'action des mêmes principes, elle offrait tout son sang pour prix de sa liberté, et la Germanie préférait une espèce de rajeunissement de Médée à la perte de sa nationalité. Plus on la divisait, plus elle s'unissait. En France même, la gloire s'était fait adopter sous les couleurs de la liberté : celle-ci sommeillait dans un lit de trophées; l'adulation était dans le langage, dans les formes extérieures; la liberté était dans les esprits. Voyez si, lorsque la main qui la comprimait eut perdu de son poids, au sein de ce corps législatif qui, pendant beaucoup trop d'années, avait mis la na-

---

terre sur laquelle, d'une manière continue, il y ait autant de culture intellectuelle.

tion aux pieds de son chef; dès qu'il put s'exprimer, le premier cri ne fut pas un cri de liberté, un retour vers les principes de 1789, car ils sont indestructibles, et de tous les temps et de tous les lieux. Toute la jeune génération de la France n'avait pas respiré l'air de l'ancienne civilisation, elle était contemporaine de la nouvelle, et consanguine de la réformation sociale. A cette époque de 1814, l'Europe était donc remplie d'une séve sociale douée d'une puissance immense pour le développement de la réformation, dont les principes, proclamés en 1789, lui avaient tracé la route, et à l'avancement de laquelle, à son tour, elle devait servir de véhicule.

La loi de l'univers est la correspondance des effets avec les causes; le monde est faux s'il en est autrement. Par conséquent, la liberté sociale devrait être proportionnée aux lumières, à la civilisation et à l'éducation politique. Est-ce ainsi que les choses se passent en Europe? Loin de là : l'*éducation avance, et la liberté recule*; bien plus, le désir et les notions de liberté, ont l'air de reculer; le langage même est devenu étranger aux principes. On a cessé de les réclamer, de les invoquer, de les venger; on s'est arrangé dans cette exhérédation : tout ce que donne le pouvoir est accepté sans examen, sans réflexions, et les peuples acceptent, sollicitent comme des bienfaits, la cession de quelque partie de leurs propres biens, ou bien ils *s'en passent*, toutefois en attendant qu'il plaise à leurs chefs d'en restituer quelques parcelles. N'est-ce pas là le tableau le plus fidèle de ce qui se passe en Europe? Que sont devenus les principes de 1789, l'élan de 1813? A cette époque, l'Allemagne se fût-elle contentée de ces *tronçons* d'états donnés à la Prusse, de ces assemblées siégeant de loin à loin, silencieusement, en Bavière, Wurtemberg et Bade? Quelles réclamations ont excitées ces bizarres créations? Qu'a-t-on vu se passer à Stuttgard, à Bade, lorsque ces états ont éprouvé des sévices? L'Espagne est abattue, dans le silence, aux pieds de Ferdinand, de ce roi qui, deux fois, a repris les rênes de mains étrangères; le Portugal a passé alternativement de la liberté à l'esclavage, et de l'esclavage à la liberté. Qu'oppose-t-il à don Miguel? La triste Italie n'oppose aux spoliateurs de ses libertés que ses gémissemens inécoutés; elle est réduite à cacher au fond de son cœur des désirs dont elle n'oserait pas même nommer l'objet. Ce tableau est désolant, je le sens ; mais est-il vrai ? voilà toute la question, et le problème que présente la marche inverse de la civilisation avec la liberté, marche qui est contre l'ordre de la nature. Qui, en 1789, en 1381, eût toléré le langage tenu à Laybach, d'après lequel il appartient aux souverains seuls d'accorder, de modifier les institutions, en ne restant responsables qu'à Dieu seul ? Là, par cette violente déclaration, le contrat social a été, non pas seulement déchiré, mais proclamé ne pouvoir pas exister, le droit divin reconnu, et les peuples livrés à l'arbitraire, condamnés à une minorité éternelle, jetés hors de leurs propres affaires, et dépourvus à jamais de garanties. Il leur a été dit, par le canal de Laybach, qu'ils auraient à attendre que le despotisme éprouvât de la lassitude pour qu'ils aient de la liberté ce qu'il lui plairait d'en céder, et que ce serait dans un autre monde que se règleraient les comptes sur ce qui aurait été fait dans celui-ci. Jamais rien d'aussi despotique, d'aussi anti-social n'avait été proféré ; ce n'est pas un sévice tel que la tyrannie s'en permet tant, c'est un code complet d'anti-sociabilité qui, ouvertement, sans détour, a dit : *Le monde est une domination, et non une société ; le droit ne vient pas de la société, mais de ses chefs, quels qu'ils soient ;* car ceci est aussi bon à Venise qu'à Vienne. *Les peuples n'ont rien à voir dans leurs affaires, ni de comptes à attendre.* En sa qualité de principes, cette déclaration atteint le monde entier ; quel effet y a-t-elle produit ? qui s'en est aperçu ? qui la contredit? qui s'en souvient? qui pourrait dire qu'elle existe? Je n'ai pas trouvé une seule trace de la sensation qu'elle eût dû faire. Je me glorifie d'avoir, depuis son apparition, saisi toutes les occasions de dénoncer cette attaque aux libertés de l'espèce humaine, à la dignité et à la destination des sociétés. Eh bien! l'Europe a vu frapper, renverser ainsi tout l'édifice de l'ordre social, sans avoir l'air de comprendre ce qui se faisait, sans attention et sans cris de douleur; certes, c'est avoir beaucoup rétrogradé depuis 1789, et même depuis 1813. L'Europe reculait donc à mesure que les pouvoirs avançaient; personne n'y a fait attention. Je sais que des optimistes se consolent par une confiance illimitée dans les effets de la civilisation. Son pouvoir m'est connu; mais à quel temps remettre son triomphe? par quels moyens l'obtiendra-t-elle? Cessera-t-elle d'avoir des ennemis? Ceux-ci useront-ils de leurs moyens accrus par leurs succès? La civilisation a-t-elle fait lâcher prise quelque part, à ceux que Laybach a déclarés détenteurs exclusifs du pouvoir social? Quand leur fera-t-elle restituer les droits sociaux qu'ils ont confisqués? Sont-ce de ces proies que l'on lâche si facilement? Quand le pouvoir s'est-il dessaisi? Je vois bien, et l'on verra quelques améliorations; quelques difformités s'effaceront; on veillera à interdire le fondement à la plainte: mais, pour le fond des choses, il a été altéré, et la réparation ne se prépare point.....

Que l'on songe donc à la masse armée dans la main des gouvernemens, et à la nudité des peuples ; à la facilité du concert entre les premiers, et à la déliaison innée entre les seconds ; à la richesse disponible, par les gouvernemens, pour toutes les ambitions, et à la pauvreté des peuples, dont le trésor est placé dans les hautes régions d'estime, auxquelles le plus petit nombre seulement aspire. Les lauriers ont tort contre l'or ; ils l'auront tant que nous ne redeviendrons pas d'anciens Romains. Cette triste vérité, que mon cœur reproche à ma raison d'avoir trop constatée, est donc bien certaine : *L'Europe avance en civilisation ; elle recule en sociabilité*. On a dit *que la littérature était l'expression de l'esprit d'un temps* ; certes, on ne dira pas qu'à cette heure, la sociabilité de l'Europe soit l'expression de son esprit..... : elle en a plus qu'elle n'en montre dans ce genre.

Le mot insolent échappé à M. de Metternich lors de son dernier voyage à Paris, *la grande émeute européenne sera finie dans deux ans*, ne se réalise que trop ; il marche vers son accomplissement. Ce mot met à découvert la manière dont les gouvernemens envisagent les sociétés humaines, et la revendication de leurs droits. A leurs yeux, ce sont des émeutes, en cette qualité sujettes, en 1789, à être sabrées aux Tuileries par le prince de Lambesc; pourchassées les armes à la main à Naples, à Madrid, à Turin; soumises partout au glaive et au canon. Un ministre du royaume des Pays-Bas vient d'apprendre le cas qui doit être fait des chartes, des constitutions, des garanties, et du droit de faire rendre compte aux ministres, du pouvoir dont les effets atteignent les peuples. Il a déclaré que l'opinion publique n'était qu'une *bêtise;* et ce qui comble tout, c'est l'impassibilité dans laquelle trouve un pareil langage, de manière à laisser incertain entre deux choses, savoir si on l'entend ou si l'on y est sensible.

Reportons maintenant nos regards vers la France, et voyons si le même système d'amortissement lui a été appliqué, et avec quel succès. Ici se présentent à la fois devant moi le plus grand spectacle et les plus hauts devoirs. D'un côté, c'est la France, le foyer du mouvement de la réformation sociale imprimé au monde, le centre de la civilisation, le fanal sur lequel l'Europe a les yeux; car, sous quelque fortune qu'elle existe, la France est et sera la capitale du monde social et intellectuel; rien ne pourra lui faire perdre ce glorieux privilége. Deux fois sous le joug de la guerre, deux fois, elle a fait passer ses envahisseurs sous celui de son génie. Il en sera toujours de même, cela tient comme à son sol. D'un autre côté apparaissent, avec toute leur majesté, les principes de l'ordre social, rendus plus sacrés par leur application à une masse d'hommes et d'intérêts, telle que celle que renferme la France. Le respect augmente en raison de la grandeur de son objet et des conséquences de son mépris..... Or, il s'agit ici des intérêts de trente-trois millions d'hommes. Avec quel saint effroi, avec quel dévouement à la vérité, avec quelle abnégation de toute crainte et de tout intérêt privé, ne doit-on pas s'approcher de la discussion de choses si grandes et si pleines de conséquences heureuses ou funestes! Écrire sur de pareils sujets, est monter à un autel dont le sacerdoce véritable se compose de vérité et de courage, et que profanent la lâcheté et l'intérêt. Mais en face de ces considérations, s'en présentent d'autres qui méritent aussi d'être pesées. Écrire sur le temps présent est, comme a dit Rivarol, disséquer des hommes vivans; écrire sur le résultat des actes des partis, c'est les réunir tous contre soi; écrire au milieu des embûches des lois faites par les partis, c'est s'exposer à leurs coups; écrire contre l'opinion qui gouverne ceux mêmes que l'ont veut servir, c'est les soulever contre soi; écrire pour faire rebrousser l'opinion adoptée par tout un peuple, c'est tenter ce qui surpasse la force du bras d'un homme; écrire pour dérouler devant le pouvoir le tableau de ses erreurs, c'est provoquer sa colère, et Salomon a dit que cette colère est terrible ; écrire pour montrer les voies secrètes que le mal a suivies, c'est appeler les dénégations intéressées au maintien de ces ténèbres. Tout cet appareil ne m'a pas échappé, et il ne m'a pas effrayé. Je sais à quelles douceurs d'amitié il faudra peut-être renoncer, à quel délaissement je pourrai être condamné, à quels coups je pourrai rester en butte : j'ai vu cela, et j'ai continué d'écrire; il s'agissait de la France. Iconoclaste nouveau, je ne viens point abattre des images révérées; profanateur des tombes où reposent des majestés rendues au sort commun de l'humanité, je ne viens point remuer des çendres royales et troubler la paix de leur demeure ; prêtre d'une religion de paix, je ne viens point secouer des torches de discorde ; membre d'une société qui m'est chère, je ne viens pas l'agiter ou la contrister; n'ambitionnant pour mes derniers jours que de lui rendre un dernier service, je lui parlerai avec la vérité, compagne ordinaire des paroles des mourans; avec l'*innocuité* attachée à l'absence complète de toute affection haineuse ou partiale; avec l'absence du mot *attaquer,* qui ne se trouve jamais dans mon dictionnaire. Si j'erre, le tort est à mon esprit; qu'on me le montre, j'obéirai sans réserve ni retard. Sachant que l'observation des convenances est une grande partie de la civilisation, je ne manquerai à aucune, fidèle à toutes, comme à la liberté, dont les droits et l'usage me paraissent devoir s'accroître par les lumières de ceux devant lesquels on parle, et par le peu d'effet de quelques paroles tombant sur des masses dont le poids, les occupations comme les distractions, assurent l'immobilité, hélas ! trop générale et trop croissante. Je vais donc parler de la France, dans les mêmes dispositions d'esprit avec lesquelles j'ai parlé de l'Amérique ; mon désir est de me tromper sur l'une, autant que je me suis peu trompé sur l'autre.

Quatre époques principales, pour l'ordre intérieur de la France, se font remarquer dans sa révolution :

1°. L'assemblée constituante ;

2°. L'empire ;

3°. La restauration ;

4°. La session de 1828, suite des élections et de la révolution ministérielle de cette époque.

Les deux premières époques sont hors de la question actuelle.

Je dois faire précéder ce que j'ai à dire sur la troisième, par quelques observations que la nature du sujet m'indique de placer ici.

Les grands événemens sont sujets à des jugemens divers, et ceux-ci flottent au gré des passions, des intérêts, et subissent les interprétations du plus ou du moins de connaissance des mobiles réels des faits. Tels ont été les jugemens portés sur le principe de la restauration. C'est un mot complexe; bon nombre en font un simple : dans sa généralité, il signifie fin de l'empire, retour des Bourbons. C'est à ce dernier seul que les uns se sont attachés avec joie, et que d'autres ont pu attacher des reproches d'imprévoyance. Quelques-uns ont été jusqu'à traiter d'intrigue les combinaisons profondes et patriotiques qui ont ramené l'ancienne dynastie. Voici le vrai. La restauration s'est faite sur le champ de bataille de Leipsick. Elle a été déclarée à Paris le 31 mars. On ne rappelle pas d'une rechute telle que celle de Leipsick. Napoléon, pouvoir d'opinon, a dû continuer la guerre au retour de la Russie, et rechercher son étoile égarée dans le nord. Sa campagne de 1813 montre qu'il entendait parfaitement sa position, et qu'il connaissait la nature météorologique de son pouvoir. Lutzen et Wurtzen l'avaient reconstruit : encore quelques succès pareils, et l'astre reprenait un cours plus radieux et plus imposant, par l'autorité de ces miracles. Mais on est bien près de la chute quand on vit *à fonds perdu* sur les promesses de la persévérance de la victoire. A Leipsick, elle déserta les drapeaux de Napoléon, et donna un ascendant irrésistible à ceux de ses ennemis. Ce jour-là, il fut évident qu'ils viendraient lui demander compte à Paris, de ses apparitions dans leurs capitales, et qu'il serait pris de sévères mesures pour lui en interdire le retour. Dans ce même moment, la question se trouva établie entre la France et Napoléon. Pour maintenir celui-ci, il fallait recommencer la guerre de 1792. Mais tous les attributs français de 1792 étaient passés chez les ennemis. En 1814, la France épuisée, fatiguée de vingt-deux années de guerre, n'avait plus cette séve de jeunesse, cette plénitude de forces qui, en 1792, avait fait voler aux frontières des millions de Français. En 1792, c'étaient de vieux cabinets méthodiques qui se mesuraient avec des phalanges pleines d'un élan qui empruntait de la force à son irrégularité même. En 1814, la France recevait la guerre; en 1792 elle la portait au dehors. En 1792 le peuple français faisait la guerre; en 1814 c'étaient les peuples étrangers. La position était donc complètement inverse, et cependant c'était dans cet état qu'il fallait revenir à des efforts encore plus grands qu'en 1792. Napoléon disait au moindre avantage : *Il faudra brûler Munich et Vienne.* Il avait reconnu à Leipsick, à Hanau, le fonds qu'il y avait à faire sur les ménagemens, les alliances et les mariages. Revenu de ces erreurs, pour cette fois il voulait aller au fond des choses, et se mettre pour jamais à l'abri du retour de pareilles déceptions. Ce n'était donc plus la guerre de la France, mais la sienne propre. Ses dispositions personnelles n'étaient pas celles des hommes qui l'entouraient : ils soupiraient après le repos; il leur était aussi agréable et nécessaire qu'il lui était personnellement nuisible. Il s'était donc formé, entre Napoléon et la France, une séparation d'intérêt, et comme un vide qui les éloignait l'un de l'autre. L'homme était perdu, il fallait aviser à ce que la France ne le fût pas. On savait que les alliés, pour enchaîner le lion terrassé, devaient prendre des garanties oppressives pour la France. Le génie de Napoléon était connu, et on ne pouvait douter que le désir de venger son injure et l'inquiétude innée de son esprit, ne ramenassent sur la France de nouveaux orages. D'un autre côté, les Français n'avaient pas entendu renoncer à la liberté en faveur de la gloire, mais seulement la suspendre au milieu de trophées, pour l'y retrouver plus brillante et plus forte; mais, le char de victoire renversé, il n'y avait plus que des sacrifices sans leur prix. C'est de cet ensemble de considérations que s'est formée la démonstration de la nécessité du rappel des Bourbons, dans l'esprit de quelques hommes occupés habituellement de la considération de ces grands intérêts. Chez eux, tout venait de l'amour du bien de la France et s'y rapportait. Certes, ce n'est point par des motifs cupides, qu'aux jours de malheur on se sépare de tant de gloire, et d'une gloire que l'on a servie et aimée. Mais il s'agissait de la France et de sa liberté : dès lors il n'y avait pas à balancer. Le retour des Bourbons parut donc le seul moyen de répondre à toutes les exigences du temps. Calmer l'intérieur, rassurer l'étranger, affermir la paix, sortir du choc des ambitions et des prétentions, et arriver enfin à ce port si désiré de la liberté, dont les besoins de la position de Napoléon auraient interdit l'approche : telles furent les vues des directeurs de cette restauration. Les gages de cette sécurité ne se rencontraient point dans quelques systèmes qui ont plus ou moins agité les esprits. Le premier, moins dépourvu de vraisemblance, continuait la possession du sceptre dans les mains dont il fallait attendre trop long-temps la force. Le remède était remis à quinze années d'attente, et le mal était du moment. Une étrangère, inconnue de la France, était loin de montrer des garanties égales à des besoins aussi étendus, et aussi pressans que ceux de cette époque; il était naturel de pressentir les influences venues de la terre natale ; c'était oublier la dignité nationale que d'appeler un étranger sur le trône. Le dernier des laboureurs français ne blesserait pas la fierté de la nation, autant que le ferait le plus grand des étrangers assis à cette place. Dans ce labyrinthe, une seule solution se présentait donc, elle fut adoptée. Toute résolution a des inconvéniens et peut être combattue. Le but peut n'être pas atteint ; mais, en mettant à part la facilité de la critique, que l'on dise ce qu'il y avait à faire, que l'on montre une meilleure issue, et s'il s'est trouvé quelque mécompte, que l'on voie s'il est venu des hommes ou des choses. Non, la restauration a été une œuvre de lumière et de nationalité, aucune haine n'a éloigné ce qui est tombé, aucune vue personnelle ne s'est rapporté à des profits à attendre de ce qui a été relevé. Dans cet acte solennel, tout a a été national, rationnel et pur, digne de la France et de ceux qui la servaient[1].

---

[1] Je supplie le lecteur de croire à la sincérité des lignes suivantes : la vérité seule les dicte. Au moment où j'appris la catastrophe de Leipsick, à Malines, je déclarai hautement, quelque danger qu'il y eût à le faire, la fin du règne de Napoléon, et la nécessité de revenir aux Bourbons. A mes yeux, cette vérité était de la géométrie. Je n'ai pas cessé de m'exprimer dans le même sens, et à mon arrivée à Paris, 23 janvier 1814, mon premier mot à mes amis, fut, *Il faut rappeler les Bourbons.* Je n'avais jamais eu l'honneur d'en approcher un seul ; je n'en avais rien reçu, j'étais affranchi de tout lien de reconnaissance, mais je ne l'étais pas de l'empire de ma raison, qui me montrait que ce rappel était la seule chose faisable dans l'ordre actuel de la France. D'autres, peut-être, se pareraient de dévouement ; je ne me pare que de *raison.* Ce mot dévouement me rappelle qu'une dame, en 1814, me demanda de

Rousseau a dit : Le plus beau trait de la vie d'Alexandre est celui de sa confiance en son médecin Philippe; il prit, sans hésiter,

---

me charger d'une requête, dont le motif était *d'avoir soupiré pour les Bourbons*.

M. le baron Fain s'est permis, sur cette grande époque, des jugemens et des expressions qui ne peuvent être excusés que par la douleur, d'ailleurs bien naturelle, de la chute de celui auquel il était attaché; mais l'accomplissement d'un devoir ne donne pas droit à la violation des autres. Cet écrivain est tombé dans les plus lourdes contradictions; car, en représentant la restauration comme une intrigue entre quelques personnes, il peint à plusieurs reprises la lassitude, le découragement des maréchaux qui environnaient Napoléon, et jusqu'aux discussions tenues dans ses propres appartemens, pour le faire abdiquer. Il peint la joie que produisit cette résolution parmi les entours de Napoléon. (*Manuscrit de* 1814, depuis la pag. 225 et suivantes.) M. le baron Fain affecte le style des bulletins de la grande-armée;

la coupe présentée par les mains d'un homme qu'il savait en butte aux séductions de son ennemi...; *il crut à la vertu*, dit Rousseau : il y a des circonstances qui commandent des actes de foi; les auteurs de la restauration ont cru à la vertu de l'expérience, aux leçons du malheur, à l'enseignement de la terre classique de la liberté, rendu plus instructif par la longueur du séjour sur ce sol *normal*, à l'instruction si profonde et si parlante du triste résultat d'une restauration qu'un fatal aveuglement fit passer d'une aurore sereine à un couchant chargé d'orages[1]; c'est avec

---

il convenait à la victoire qui couvre tout, il est inconvenant avec la défaite qui laisse tout à nu... Soyez vainqueurs, ou parlez correctement.

[1] Comme s'il existait en tout une opposition

ces conseils de sagesse qu'ils calmaient les craintes, qu'ils dissipaient les défiances, et qu'ils faisaient passer dans l'esprit des autres, la confiance qui était dans le leur... Grand Dieu! où en serait-on dans la conduite des affaires, si toujours il fallait des preuves matérielles? n'est-on pas la plupart du temps réduit à choisir entre des inconvéniens, entre des partis également probables? et dans l'occasion, sujet de ces observations, qui montrait évidemment un résultat plutôt qu'un autre? Les probabilités étaient pour le bien; après l'événement, il est bien commode de prononcer des juge-

---

innée entre la France et l'Angleterre, *littora littoribus contraria*, les beaux jours de la restauration anglaise se trouvent à son début, tandis que les mauvais jours de la restauration française occupent la même place.

mens, il en est autrement quand il faut choisir et décider...

Je lègue ces réflexions à l'histoire, comme l'expression de la vérité, et le guide le plus sûr qu'elle puisse suivre.

Affermi sur ce terrain solide et honorable de la vérité, je ne reculerai devant aucune de ses conséquences, et comme le meilleur moyen de faire prévaloir la vérité est de lui préparer les voies, par la dissipation de l'erreur, je continuerai des explications qui me paraissent nécessaires. Un mot d'une célébrité malencontreuse a été mal interprété; un homme peut être victime d'une locution mal arrangée ou mal comprise, ou dont encore les passions se saisissent dans leur intérêt... Non, le retour des Bourbons ne fut accompagné d'aucune répugnance; je répète ici ce que j'ai dit ailleurs, leur retour fut une fête européenne; il montrait un terme à des combats, à des agitations de vingt-deux ans. Tout le prestige sentimental attaché aux grandes infortunes, aux voies inexplicables qui en amènent la fin, parlait aux esprits et aux cœurs; non, ce n'était pas de la répugnance que cette émotion profonde et électrique qui se communiqua à tout un peuple, et qui s'exprimait par des sanglots, lorsqu'à côté du monarque inconnu et chancelant, apparut et tomba prosternée celle en qui revivait, aux yeux qui la cherchaient, toute une race éteinte dans les flots de cette révolution qui venait mourir à ses pieds... Quel moment! quel baume jeté sur tant d'infortunes[1]! de toutes les bouches sortait le même vœu; *i decus, i nostrum, melioribus utere fatis!*

Mais les tributs du cœur ne préjudicient pas aux droits de la raison. La nature de l'homme est connue; l'homme complet est rare; il en faut de cette espèce pour subjuguer les penchans naturels, et pour leur imposer silence; un dieu seul peut retenir enchaînés à son gré les vents qui frémissent contre la barrière qui les captive; le doute, dans les grandes épreuves, est donc fondé sur la connaissance de la nature de l'homme; il redouble d'après les souvenirs transmis par l'histoire... Les princes valent mieux que leurs entours; ce sont ceux-ci que l'on craint en eux; la restauration de France avait été malheureuse en précédens, en Angleterre, comme elle l'a été en accompagnemens à Madrid, à Naples et dans d'autres lieux; les craintes de cette époque étaient donc purement rationnelles, tombant sur les choses et non sur les personnes, sujettes à la discussion, mais non à l'animadversion. Certes, la génération née en 1780, parvenue en 1814 à trente-quatre ans, composant la force principale de l'état, n'ayant eu aucune relation avec l'ancienne dynastie, avec l'ancien régime, élevée à d'autres écoles, familiarisée avec d'autres mœurs et un autre langage, tout ce qui avait pris naissance dans les fastes de la nouvelle gloire, ou poste dans les largesses de la nouvelle fortune de la France, ne pouvait pas être assujetti à considérer la restauration, comme le faisaient les contemporains et les serviteurs de ceux dont ils attendaient eux-mêmes leur propre restauration ; l'espérance et la crainte, le passé et le présent n'ont pas les mêmes yeux ni les mêmes allures.

La voilà donc arrivée cette restauration, objet de vues et de pensées diverses! C'est un des grands événemens de l'histoire. Est-elle bien comprise, tout marche vers le bonheur; l'est-elle insuffisamment, les nuages vont s'elever, et les collisions commencer. Le plaisir de retrouver un héritage que les apparences avaient pu faire regarder comme perdu, est-il trop écouté; les idées personnelles auront beaucoup de force. La grandeur de la position, tout ce qu'elle renferme, tout ce qui en découle est-il saisi d'un de ces regards qui pénètrent jusqu'au fond des choses, tout devient grand, élevé, approprié à la nature des besoins et à celle du temps. S'appuie-t-on sur l'esprit général, sur les intérêts généraux, sur les masses ou sur les fractions? Se montre-t-on séparé entièrement de tout ce qui est étranger[1]? Demande-t-on les conseils des hommes du sol, ou de ceux qui s'en sont tenus séparés? Embrasse-t-on

---

[1] Quelle utilité pouvait-il se trouver à écrire au prince régent d'Angleterre, si toutefois la lettre a existé, qu'après la divine Providence, c'était à lui que l'on devait le retour sur le trône? Quelle utilité de créer le duc de Wellington maréchal de France et duc de Grosbois, si tant est qu'il le soit? Pourquoi, s'il l'est, ces nominations clandestines? Quel que puisse être le mérite du duc de Wellington, que je n'ai pas la témérité de juger, et encore moins d'appeler *un* Wellington, comme il a été dit avec tant d'urbanité et de convenance dans la dernière session; quel que soit ce mérite, et à mesure qu'il sera plus grand, les Français souffriront toujours du rappel de ce nom, qui se lie pour eux à d'amers souvenirs. Édouard III, le prince de Galles, Henri V, ont pu être de grands princes; mais leurs noms sonnent mal aux oreilles des Français, qui ne peuvent les séparer des noms funestes de

un système homogène, complet, et formé comme d'un seul jet, ou bien emprunte-t-on au passé, à un système aboli, ignoré de la

---

Crecy, de Poitiers, et d'Azincourt. Le vainqueur de la Hogue pouvait être un fort grand amiral, mais il y avait un monde entier entre lui et un bâton de maréchal de France.

Les grands sont sujets à se tromper sur un point fort délicat; ils n'ont qu'un seul intérêt réel, celui du jugement que l'on portera sur leurs actions, et l'effet qu'elles produiront. Sous ce rapport, leurs actions ne leur appartiennent qu'à demi; ils ne doivent pas se borner à les juger par leur intention personnelle, qui peut être fort droite, mais par le jugement qu'en porteront ceux qu'elles atteindront. Ce n'est pas le jugement de soi-même qui importe à un homme, c'est celui des autres. Ainsi, quand on a baptisé d'*introuvable* la Chambre de 1815, en adressant un mot flatteur à celle-ci, on courait risque de choquer la France entière, qui la jugeait différemment. On disait à la France que la Chambre peu goûtée par

masse, ou de plus craint par elle sous quelques rapports? S'associe-t-on aux principes de la sociabilité générale pour ne parler ni en maître ni en propriétaire? Surtout veille-t-on à empêcher les partis de naître? Voilà deux directions : l'une conduit au 20 mars, et l'autre aux jours de l'âge d'or. En effet, peut-on se faire l'idée du bonheur dont la France et l'Europe eussent joui, si la route que l'on a suivie eût été délaissée? Jours de bonheur, c'est vous que mes amis et moi avions en vue, lorsqu'au prix de tant de dangers, nous nous occu-

---

elle, était suivant son cœur et servait ses affections propres. Non, la Chambre de 1815 n'était pas *introuvable*; dès qu'on donnait faveur aux hommes et à l'esprit ennemis de la révolution, elle était *toute trouvée*.

pions de vous amener avec la restauration. Tout dépendait de la direction première; une fois engagé dans une route, il faut la suivre; le plus superbe vaisseau dirigé avec le plus de science, qui, pour se rendre dans l'Inde, prendrait la route de l'Amérique, plus il forcerait de voiles, plus il s'éloignerait de son but; l'art même du pilote ne servirait qu'à l'en détourner et à accroître son aberration. La restauration était l'épuration de la révolution, on a voulu en faire sa destruction; fatale méprise! Dans les grandes affaires il faut des partis complets et décisifs; les demi-partis ne sont bons qu'à tout gâter. Accepter la France toute entière, telle que la révolution l'avait faite, ou rejeter cette révolution toute entière, tel était le parti indiqué par la raison: prendre de l'une et de l'autre, pour composer avec cette mixtion une France à sa guise, une France mi-partie de vieux et de neuf, placer au gouvernail des hommes inconnus de la France, était se placer à contre-sens de l'esprit des masses, et appeler les collisions[1]. La révolution

---

[1] Cette doctrine n'est pas nouvelle chez moi. En 1820, j'ai publié un écrit intitulé : *Petit catéchisme à l'usage des Français*. On y lit, pag. 42 · « On était plus mal en 1815 qu'en 1814; on a » été plus mal en 1818 qu'en 1817 ; on est plus mal » en 1820 qu'on ne l'était en 1819; et l'on sera » encore plus mal en 1821 qu'on ne l'est en 1820; » et toujours par la même raison, la fausseté de » la direction première. »

En 1827, était-on plus mal qu'en 1826, 1825, 1824; et, en 1828, 1829, aurait-on été plus mal qu'en 1827, si les élections n'y eussent mis quelqu'ordre, un commencement d'ordre; car, il ne faut pas se flatter, nous en sommes encore là.

était identifiée avec les idées et les intérêts des masses; des hommes, conduits en contradiction avec leurs penchans, sont portés à s'agiter, comme dans les maladies qui affligent le corps humain, l'agitation dure tant que le point d'irritation subsiste. Cette fausse direction n'a pas plus contribué au bonheur du prince qu'à celui du peuple. Celui-ci a besoin pour lui-même du bonheur du prince; quand il se sent mal, il s'agite, il s'irrite; le malaise peut égarer son jugement; un prince assailli par les contrariétés, molesté par le défaut de succès de vues qu'il croit bonnes, n'est pas heureux, il souffre; son esprit n'a pas une assiette tranquille, hors de laquelle il n'y a pas de bonheur; celui-ci ne résulte pas de la seule possession du pouvoir, de la richesse et de lambris dorés! Le siége du bonheur est dans l'esprit et dans le cœur; or, l'esprit et le cœur du prince, depuis 1814, n'ont pas pu jouir de cette espèce de bonheur que nous lui souhaition. Dans la série non interrompue des agitations qui ont rempli l'espace depuis la restauration jusqu'en 1824, Louis XVIII n'a pas été heureux, et nous ne l'avons pas été plus que lui; et nous ne le serons que lorsqu'une direction vraie aura placé les choses dans leur état naturel. Alors tout débat, toutes collisions cesseront, car le principe des chocs sera détruit.

La cendre de Louis XVIII est refroidie; son règne est entré dans l'histoire; les effets nous ont atteint; son jugement nous appartient donc à double titre; nos droits sont certains, comme nos devoirs: respect inviolable pour la personne, vérité sur les choses. Un des plus sages conseils que Fénélon met dans la bouche de Minerve pour l'instruction de son élève, est celui de ne pas user de trop de sévérité en jugeant les rois, mais de se rappeler qu'ils sont hommes comme nous, et de ce que nous aurions fait à leur place. Ici je m'applique ce conseil, et loin de citer Louis XVIII à un tribunal de rigueur, je me porterai son défenseur, pour quelques points sur lesquels la critique a peut-être exercé une sévérité exagérée et maligne. Je le dis donc sans crainte : le règne de Louis XVIII n'a pas été un règne heureux pour lui, pour nous et pour le monde. Avec un 20 mars, un règne ne peut plus être heureux ; avec quarante ministres dans dix ans, un pays n'est pas bien dirigé ; dans la voie droite, il n'est pas besoin de tant de changemens : aussi sommes-nous sans cesse occupés à corriger ce qui a été fait dans ce laps de temps. Lorsqu'une étrangère arrive aux frontières de la France pour monter sur son trône, elle dépose tout ce qu'elle apporte de sa terre natale : elle se sépare de toute la nationalité qui l'escortait, pour qu'en elle il ne reste plus rien de l'étranger : c'est un emblème admirable de ce qui doit s'opérer à l'approche du trône. Louis XVIII, en rentrant en France, a-t-il laissé sur le rivage tout ce qu'il tenait de son émigration ? A-t-il résisté suffisamment au penchant qui peut porter à admettre à la direction de l'état, des mains qui n'ont encore manié que des affaires domestiques ? A-t-il recherché et suivi toujours l'esprit de la France [1]? Quand on veut lancer des foudres, il faut les avoir allumées au feu de ses propres bivouacs.

---

[1] En rentrant en France, 1815, dans sa proclamation de Cambrai, le roi dit, *mon gouvernement a fait des fautes; il devait en faire.* Cet aveu est noble : il était bien dû à un peuple, auquel ces fautes venaient de coûter si cher. Aujourd'hui on a renoncé à la vieille fable des conspirations qui auraient occasioné le retour du 20 mars. Que quelques avis sur la marche du gouvernement et sur ses effets, que quelques émissaires soient parvenus auprès de Napoléon; que cela a-t-il de commun avec le mouvement d'un grand peuple qui reçoit avec acclamations l'homme qui, dix mois auparavant, avait été exposé à de vifs témoignages de sa réprobation? Que signifiait ce mouvement contradictoire, sinon le mécontentement de la nouvelle direction, et la satisfaction du retour de l'ancienne? Si ce retour de l'île d'Elbe est un des plus étonnans événemens de l'histoire, il en est aussi un des plus instructifs. Que de leçons ne renferme-t-il pas!

Henri IV n'en emprunta pas aux siens. Quand soi-même on a proclamé ses fautes, on doit se sentir disposé à beaucoup d'indulgence pour celles des autres. Là où tout le peuple a péché, dit saint Augustin, personne n'a péché. Il y a dans ces mots plus d'humanité et de raison que dans tous les codes, qui ne savent que faire pendre et fusiller ceux qui, dans de grandes commotions politiques, n'ont pas résisté à un entraînement général, et ont manqué à des devoirs d'état et de profession. Faibles mortels que nous sommes, mettons-nous à leur place, et demandons-nous si toujours nous pourrions répondre de nous-mêmes ! Quelquefois le sang peut être versé d'après toutes les formes légales; mais pour cela sa voix ne reste pas toujours éteinte : des révélations inattendues peuvent en faire regretter l'effusion, et classer les rigueurs de la justice parmi les fautes [1]. Une prospérité matérielle a été ressentie sous Louis XVIII ; elle l'était sous Louis XV, sous Louis XVI ; elle l'est

---

[1] Si j'avais eu l'honneur de siéger dans les conseils de Louis XVIII, au lieu de le porter à résister aux sollicitations qui n'ont pu manquer de lui être adressées en faveur du maréchal Ney; prenant une route opposée, je me fusse jeté à ses pieds, pour l'engager à déclarer qu'il se garderait bien de toucher à une tête à laquelle le salut de tant de soldats français avait été attaché, *et qu'il le donnait à l'armée*. Je me trompe beaucoup si, le lendemain de cette déclaration, il se fût trouvé un seul soldat français qui, dans son cœur, n'eût élevé un pavois à Louis XVIII. Il y a deux manières de servir les rois et de conduire les peuples, la grande et la petite; les Français seront toujours pour la première.

aujourd'hui ; elle n'est pas l'ouvrage du prince, mais celui de tous, et des circonstances ; hier une abondance stérile, demain une pénurie inquiétante. La perte d'une province est moins funeste pour un peuple que celle d'une vertu : on peut toujours reprendre un territoire, mille exemples le prouvent ; mais quand reprend-on ses vertus ? Celles du peuple français avaient, sous quelques rapports, été altérées sous les régimes précédens. Contre-partie de ces régimes, la restauration a-t-elle suffisamment travaillé à fermer les plaies qui nous dévorent, la corruption, l'avidité, l'amour du luxe, des places, des honneurs, des vanités, l'affaissement des consciences, l'abjuration des liens antérieurs, l'abdication de l'indépendance, le déguisement de la pensée propre et entière, et la prosternation au pied des autels de la fortune [1]?

Comme on voit, je me borne à effleurer ce sujet, car il est loin de ma pensée de blesser qui que ce soit.

L'Assemblée constituante avait déclaré les vrais principes de la sociabilité, car on ne les crée pas : on ne peut que les reconnaître. Leur existence est indépendante des hommes ; elle tient à la nature même des choses. Peut-être cette assemblée en avait-elle forcé l'application, surtout dans le point essentiel de la participation du prince à l'acte constitutif : son excuse ne pouvait être que dans la nécessité de pourvoir aux

---

[1] Voyez ce que M. Royer-Colard a dit de la dégradation des fonctions publiques, et tout ce qui a été publié sur les élections.

dangers qui naissent d'une résistance par des moyens cachés, quand les moyens ostensibles et patens manquent. N'est-elle pas justifiée par ce qui s'est passé en Espagne et dans d'autres lieux? Dans le long et laborieux passage de 1814 à 1824, la France a-t-elle toujours réclamé les principes de 1789? s'est-elle soutenue à la hauteur des sentimens qu'elle avait montrés dans d'autres circonstances? n'est-on pas tombé et resté graduellement dans des discussions excentriques aux principes? A-t-il été fait, même dans les Chambres, quelque observation sur le premier article de la loi du 24 mars 1822? J'ai beaucoup lu et entendu dans ce cours d'années, et j'ai toujours rencontré la même absence des principes. En rentrant en France, 1815, Louis XVIII annonça l'intention et reconnut le besoin de reviser la Charte. Ce que le monarque a dit, peut, sans témérité, être répété par les législateurs et les sujets : une seule voix a-t-elle rappelé cette annonce [1] ? Si, dans toute l'Europe, on dit, et l'exemple de la France n'a pû manquer d'avoir une grande influence sur cette disposition des esprits ; si, dis-je, l'Europe se borne à dire : Donnez-nous des institutions, nous ne regarderons pas si elles nous viennent par droit ou par concession ; ne

---

[1] L'ordonnance du 15 juillet 1815 porte : « Notre projet était de modifier, conformément à la leçon de l'expérience et au vœu bien connu de la nation, plusieurs articles de la Charte. » Le malheur des temps ayant interrompu la session des deux chambres, nous avons ordonné et ordonnons. Suivent les articles à reviser, au nombre de seize.

dit-on pas de même en France? Je l'entends habituellement : l'abdication du droit n'est-elle pas égale de part et d'autre? De part et d'autre, ne s'est-on pas arrangé dans ce qui est, ne s'y est-on pas établi? On ne demande plus d'où il vient, ni comment il est fait : le fait est tout, et répond à tout. Les principes de la sociabilité humaine sont mis à l'écart, et l'on entend avec le même sang-froid le ministère appeler la Charte *une large concession*, comme le procureur général de Lyon, dire en 1828 : *L'autorité des lois dérive de Dieu*, principe très-vrai ; *mais, pour les promulguer, la divine sagesse a choisi les rois : leur caractère n'est donc pas moins divin que celui des lois.* Que dirait ce procureur général, des lois faites dans les républiques, dans les monarchies mixtes? Il n'y a donc de lois avec le caractère divin que celles des monarchies absolues? Dans ce cas, que devient l'ordre légal d'après la Charte? De bien singulières paroles ont été proférées dans la dernière session; dans d'autres temps, elles auraient produit une autre sensation. Dans celui-ci, les esprits se sont détournés vers les personnalités, vers les considérations secondaires, et, pour qu'il ne manque rien à leur amincissement, l'étude principale se dirige vers les combinaisons qui conduisent aux places les hommes de telle ou telle nuance, car ils ne poussent pas l'ambition jusqu'à avoir une couleur. Oh! que parmi nous on est bien plus occupé de portefeuilles que de principes, et de savoir qui est, qui sera, qui peut être ministre, que de réclamer et de faire valoir les principes!... les pauvres délaissés ! Le désir de bien éclaircir notre position me conduit à présenter les explications suivantes : le malheur de cette position est de ne pas s'entendre ; nous vivons au milieu d'un cliquetis de mots, que chacun tire, pour ainsi dire, à lui, pour s'en faire, suivant le besoin, une épée ou bien un bouclier.... D'un côté on a poussé avec éclat le cri *vive la Charte* ; ce cri voulait dire : *Nous voulons des institutions.* Ce cri était le mot de ralliement contre le parti qui ne voulait pas d'institutions, et qui, plus haut ou plus bas, protestait, avec M. de Villèle, contre la Charte ; mais ce parti s'étant aperçu de l'attachement de la France à ses institutions, pour ne pas perdre toute popularité parmi elle, s'est ainsi mis à parler *charte*, tout en se réservant d'en faire avec elle à son plaisir, comme il n'y a pas manqué. Ainsi, par des sens et des vues opposées, on est arrivé au même résultat, l'affermissement de la Charte. D'autre part, les ennemis des institutions alléguant sans cesse l'accusation d'inimitié contre la royauté, leurs adversaires se sont mis à parler royalisme constitutionnel; ce qui, de leur part, était sincère, mais ce qui était loin du sens que les autres attachent à la royauté; car, avec eux, c'est et ce sera toujours le pouvoir absolu, avec un peu plus ou un peu moins de formes, mais avec un fond permanent d'absolutisme... Les déguisemens des paroles contraires à cette assertion ne méritent aucune confiance. Si elles étaient sincères, elles prouveraient seulement que leurs auteurs ne s'entendent pas eux-mêmes, et ce ne serait pas le premier exemple que nous en aurions....

On ne cesse d'entendre dire : *Les élections ont renversé M. de Villèle*; le parti constitutionnel en tire la gloire à lui. Les élections ont elle-même été pour lui un titre de gloire incontestable? çeci vaut la peine d'être examiné. Le parti aristocratique (je me sers de ce mot à défaut d'autre, car je ne veux blesser personne), dès 1815, a pris pour chefs MM. de Villèle et Corbières; d'autres chefs servaient sous eux. Ce parti les glissa dans le ministère Richelieu, comme des sentinelles avancées, et comme pour les préparer à occuper définitivement les places dirigeantes. Le parti ne se trouvait pas servi assez vivement par les ministres de ce temps; ce n'étaient pas ses hommes, et il ne voulait que les siens.

Pour arriver à son but, il s'unit au parti ami des institutions. M. de Richelieu succomba sous cette coalition. MM. de Villèle, Corbières et Peyronnet arrivèrent : les difficultés à satisfaire toutes les exigences du parti se retrouvèrent sous eux, dans leurs places, comme elles s'y étaient trouvées pour leurs prédécesseurs, comme elles seront toujours. La bonne intelligence se soutint pendant quelque temps ; mais bientôt la séparation eut lieu. Le divorce éclata pour la guerre d'Espagne. Le parti frémissait ; M. de Villèle n'en voulait pas. Le parti s'indignait des retards et des formes diplomatiques qu'il opposait à son élan. Le parti voulait donner au duc de Bellune la direction de l'armée ; M. de Villèle en voulait un autre. L'ordonnance d'Andujar mit le parti en fureur. Alors la scission se prononça tout-à-fait entre M. de Villèle et le parti, son créateur; avec lui il s'était servi d'un instrument plus flexible que docile, et qui voulait la possession exclusive d'un pouvoir accordé sous condition de partage. La scission définitive éclata dans l'affaire du 3 pour 100. M. de Châteaubriand substitué à M. de Montmorency, ne négligea pas une occasion de faire échouer une mesure qui perdrait M. de Villèle : il y périt lui-même. A son exemple, le parti se mit à faire de la libéralité, de la Charte, de la liberté de la presse ; par là, il se trouva réuni avec ceux qu'il avait l'habitude de combattre, et s'associa ainsi aux honneurs et à la popularité que l'attachement aux saines doctrines et aux intérêts nationaux avait valu à ceux-ci. Il est toujours de ces questions populaires que les partis recherchent, et auxquelles ils s'attachent, non pas pour servir le public, pour qu'elles les servent auprès de lui..... C'est ce qui arriva dans cette occasion. Le parti constitutionnel ne voulait pas de M. de Villèle, comme ennemi public, tandis que le parti opposé n'en voulait pas, comme ennemi privé; il se trouvait donc entre des hommes réunis par des haines différentes, mais agissant dans le même sens... Il devait tomber; il tomba par le moyen qu'il avait employé lui-même contre M. de Richelieu... L'opposition de ce parti contre M. de Villèle était tellement systématique, qu'il l'inculpa pour l'acte le plus *régalien* qui ait jamais été fait, celui qui fit accepter à Saint-Domingue sa *manumission*, son indépendance acquise, consolidée de la main du roi de France. Le parti riait intérieurement de ses propres allégations; mais, pour les partis, *le corps d'un ennemi mort sent toujours bon*. On est arrivé aux élections dans ces dispositions. Les deux partis, réunis là contre M. de Villèle, se sont séparés aussitôt, et après, le lendemain de sa chute, ils se sont retrouvés en présence dans la Chambre. Ce n'est donc point le parti constitutionnel qui a renversé M. de Villèle, ce sont les ennemis de celui-ci par leur réunion avec lui. Le motif des constitutionnels était pur; celui de leurs étranges alliés était personnel, intéressé. L'homme et le système devaient périr ensemble dans l'esprit des constitutionnels; leurs adversaires entendaient bien perdre l'homme, mais garder le système à leur profit...; aussi, la majorité dans les élections ne s'est-elle plus retrouvée dans la Chambre, elle a été dans un sens contraire : le parti qui avait bien voulu perdre l'homme, en gardant le système, a craint pour celui-ci, si ses adversaires prévalaient, et, pour le garder, il s'est séparé d'eux.... L'honneur de la défaite de M. de Villèle se partage donc entre les constitutionnels et leurs adversaires ; sans le secours de ceux-ci, ceux-là seraient encore sous le joug de M. de Villèle ; et, quelles que soient les félicitations qu'ils s'adressent entre eux, il n'est pas moins vrai que leurs rangs, dans cette occasion, se sont trouvés insuffisamment garnis, abandonnés qu'ils étaient, par un grand nombre de ceux qui auraient dû les remplir.

L'histoire dira ce qui a pu porter M. de Villèle à courir les chances des élections ; les dispositions du public, celles de ses ennemis, lui étaient également connues.

Il voyait devant lui un moyen légal d'opposition, mortelle pour lui. Il était maître de noyer toute opposition de la pairie dans les flots d'une promotion. Des esprits superficiels s'obstinaient à prédire des promotions restreintes, inutiles pour l'effet qu'il devait chercher à produire ; il était évident que, pour n'avoir plus besoin d'y revenir, il lui donnerait le volume exigé par sa position. M. de Villèle, homme d'esprit, devait apprécier à leur juste valeur, les garanties données par ses préfets sur l'issue des élections; il avait trop l'usage de ces hommes, pour ne pas savoir que leurs paroles s'alignent sur le désir de plaire ou sur la crainte de déplaire, comme sur celle de se déprécier eux-mêmes aux yeux du pouvoir, bien plus que sur l'état réel et sincère des choses. A quelque cause que tiennent les motifs de la décision qui l'a entraîné à sa perte, elle s'est trouvée consommée et nécessaire, le jour où il n'a pas pu montrer une majorité certaine ; il a été renvoyé par les lois du gouvernement représentatif. Ceux-là se trompent qui, d'après la marche de la Chambre, ont pu penser que M. de Villèle eût réussi à la gouverner : au contraire, sa présence en eût fait le séjour des tempêtes, son absence en a fait le calme ; sa présence eût renouvelé entre les partis, l'union qui avait eu lieu aux élections; son absence les a remis dans leur position naturelle ; l'homme n'étant plus, le système seul est resté et a repris sa marche ordinaire. M. de Villèle est un de ces hommes qui valent mieux que ce qu'ils font, ou que ce qu'on leur fait faire. Si des devoirs de position n'apposaient pas des sceaux inviolables sur son portefeuille, il pourrait en sortir de quoi fermer bien des bouches[1].

---

[1] Je n'ai jamais connu M. de Villèle, pas même d'après ce que l'on dit qu'il a de visage. Sous son ministère, j'ai essuyé un procès criminel, tout comme sous celui qu'il remplaçait. Je suis donc *sine irâ, nec studio*, encore plus sans reconnaissance, mais je ne suis pas sans justice. Je sais que le principe de sa chute est dans sa résistance à l'exagération d'un parti, qu'il avait trop de bon sens pour s'associer au pouvoir. Il n'a pas voulu la guerre d'Espagne, ni le duc de Bellune à la tête de l'armée, représentant du parti; il a fait sanctionner l'indépendance de Saint-Domingue; il a admis des liaisons avec les républiques d'Amérique que le parti voulait exterminer, il voulait leur indépendance; il a cherché à tempérer l'Espagne; il a coopéré au système libérateur de la Grèce; il n'avait pas présenté le système de l'indemnité comme un droit,

M. de Villèle ayant abdiqué les avant tages que lui assurait la promotion *ad li-*

---

c'est le parti qui l'a voulu ; il a administré la partie purement financière avec ordre et prospérité : la Chambre, qui l'accusait, lui a alloué ses comptes de 1826 avec approbation sur quelques points ; elle fera de même, en 1829, pour ceux de 1827. La prospérité matérielle de la France, sous son administration, a égalé celle des temps antérieurs et du temps présent. Alors la France produisait trop, aujourd'hui elle ne produit pas assez. M. de Villèle ne peut pas entrer en parallèle avec ses deux collègues, espèces de prévôts de salle du parti. Qui sait si, dans une autre position, M. de Villèle n'eût pas été un homme d'état ? Si le ministère actuel rencontre des obstacles, pourquoi M. de Villèle n'en aurait-il pas aussi rencontré ? Il est devenu de mode de dire : *M. de Villèle a fait, a dit...; il fut aussi un temps dans lequel on disait Pitt et Cobourg.* A la longue, les mots d'ordre, en ne peignant rien à l'esprit, finissent par devenir fastidieux et ridicules.

bitum dans la pairie et la jouissance de deux années de la chambre septennale de sa façon, et, dans notre âge, deux années sont deux siècles, les élections ont eu lieu ; il y a rencontré la main du festin de Baltazar ; et quand elle écrit les mots fatals, *inventus minùs habens*, il faut que le ministre se retire. Ainsi en a-t-il été de M. de Villèle et de son ministère : trouvés légers de poids pour faire pencher la balance de leur côté, il a fallu chercher ce qui présentait plus de consistance et plus d'apparences favorables pour dissiper ou prévenir les tempêtes... Là commençait une ère nouvelle; là aussi, comme au moment de la restauration, tout dépendait de la manière dont elle serait comprise. Plusieurs choses étaient connues, l'existence de grands maux, leurs causes provenant de la direction imprimée en 1814, et l'esprit manifesté par la France dans les élections; voilà déjà des données précieuses pour bien juger ce qu'il y avait à faire et pour asseoir un plan. Celui qu'on a embrassé a-t-il correspondu aux indications contenues dans ces données? Telle est la question qui reste à examiner, et dont la solution exige des développemens. Ici, ma tâche devient plus épineuse; aussi veillerai-je à y apporter tous les ménagemens qui ne nuiront pas à l'expression de la vérité; car, avant tout, c'est d'elle qu'il faut s'occuper, c'est elle seule qui sert, et que seule on peut admettre dans les discussions de cette importance.

Qu'attendait la France du résultat des élections? Que s'en était-elle promis? L'effacement de quelques difformités, quelques améliorations partielles, quelques réparations individuelles? Non, ses espérances étaient plus hautes; elle aspirait à la réformation de tout ce qui la blessait, et celle-ci ne pouvait être obtenue que par la réformation de la direction qui avait produit le mal; ainsi le veut l'enchaînement nécessaire des causes avec les effets. Mais cette réformation elle-même pouvait-elle résulter du redressement de quelques griefs ou de la correction de quelques articles de lois? Voilà quelques symptômes d'une maladie dissipés, mais le fond restait; il fallait donc procéder d'ensemble et comme par masse. Si l'assemblée constituante s'était bornée à prendre pièce à pièce les abus de l'ancien régime, la Bastille serait sur pied, et les lettres de cachet fleuriraient encore; mais, se plaçant au faîte même de l'édifice social, elle en mesura toutes les proportions, elle en reconnut les défauts, et d'un mot il disparut. Grâces au ciel, un pareil remède était loin de nos besoins; il ne s'agissait que de changer une direction, tout le reste s'ensuivait. Les principes étaient connus, établis; l'opinion de la nation était manifeste; le gouvernement représentatif est le gouvernement de l'opinion; suivre cette opinion et marcher avec elle, suffisait donc. La nation et les chambres réagissent l'une sur l'autre, et se réflètent mutuellement. L'opinion de la nation vient se régulariser dans la chambre; celle-ci la lui renvoie épurée et comme dégagée de l'alliage qui ne peut manquer de se trouver dans l'ouvrage des masses. L'opinion de la nation soutient la chambre; à son tour, l'opinion de la chambre fortifie la nation. La chambre a donc intérêt aux opinions qui fortifient la nation; et quand elle est sûre de l'appui de cette force, lorsque celle de la raison vient encore s'y joindre, elle réunit tous les attributs nécessaires pour choisir et pour faire prospérer la direction que la nature des choses lui montre être la meilleure. Or, tous ces attributs appartenaient éminemment à la section des élections faites par le parti constitutionnel; elle avait le choix de son terrain; l'occasion était admirable, elle trouvait la nation dans les dispositions qui résultent toujours des grandes souffrances, et ses adversaires dans celles que créent aussi les appréhensions de trop justes reproches : le maintien, la connivence avec l'administration tombée devaient être intimidés, le ministère venait de naître. Douze députés constitutionnels, par leur admirable persistance, en avaient créé cent quarante; ceux-ci en auraient bien créé d'autres. Il fallait donc marcher sur les traces de l'ancienne opposition, on serait arrivé comme elle l'a fait. Mais, pour cela, il fallait que la marche fût ferme et décidée; les masses ne se remuent pas au nom et en vue de petits résultats, il n'y a que les grands qui agissent sur elles; la constituante le savait bien. Que fallait-il donc faire? Unissant la fermeté avec le respect, présenter le cahier des griefs nationaux, donner à la religion, à la monarchie, à la dynastie toutes les garanties désirables, et demander en retour toutes celles des libertés publiques : tel était le besoin. Le moyen d'y satisfaire était présent, les trois branches du pouvoir législatif réunissant entre elles tout l'exercice du pouvoir de la nation.

L'ordre légal se trouvait parfaitement observé; de son côté, l'ordre des sociétés leur donne le droit, le devoir et les moyens de pourvoir à leurs besoins. En partant de cette base, le parti national avait tous les moyens de faire accomplir tout ce qu'il avait pu lire dans l'esprit électoral qui l'avait créé. Je me trompe beaucoup si ce n'était pas là la vraie route; je l'ai cherchée avec attention et bonne foi, et ma conscience, d'accord avec mon esprit, m'ont répondu uniformément, c'est elle. Je ne puis concevoir comment une réformation pareille peut s'opérer par parties, un peu chaque année. Soigner quelques incommodités sans épurer la masse du sang est ne rien faire; à côté d'une douleur calmée, il en vient une autre. Dans son état, en 1828, la France m'apparaissait comme un superbe vaisseau jeté à la côte par l'impéritie du pilote, et sur lequel il y avait à délibérer entre ces deux partis : laissera-t-on le vaisseau sur l'écueil en se bornant à boucher quelques voies d'eau? ou bien travaillera-t-on à force de bras à lui faire reprendre la haute mer? Ce dernier parti me paraissait le seul convenable. Mais quel était le moyen de le ramener en triomphe sur l'Océan? en suivant les traces de Louis XVIII, c'est-à-dire en révisant la Charte et les lois promulguées depuis 1814, d'après la direction imprimée jusqu'à ce jour. Ce plan embrassait la totalité des besoins, effaçait le passé et parlait à l'esprit de la nation.

Un travail de cette importance n'est pas l'affaire d'un jour ; aussi ne le demandait-on pas sur l'heure. La session de 1828, dans mon esprit, n'était qu'un passage à une session révisante, à laquelle le gouvernement eût présenté le travail général. Car, sans un travail général, il n'y aura jamais d'harmonie, ni de proportion entre ses parties. On usera beaucoup de temps, on replâtrera ; mais, au fond, par là on ne fera rien de solide ni de régulier.

Le destin de la France a été traité comme le cadastre : on s'est demandé s'il serait fait par masse ou parcellaire. Le dernier a prévalu : voyez le résultat. La voix des principes et de la raison est si forte, que quarante députés, affermis sur cette ligne, eussent, après une lutte de quelques jours, rangé le plus grand nombre de leur côté; l'effet produit par les voix nationales fût revenu du dehors au dedans[1], marche naturelle de l'ordre constitutionnel : les amis des institutions se fussent raffermis, les timides se fussent enhardis, les expectans se fussent décidés, et les anciens suppôts de la direction, principe de tout mal, auraient cherché les moyens de se soustraire à la représentation de leurs œuvres. Ce résultat était inévitable. Eût-on dû l'attendre, que sont, dans de pareilles affaires, quelques mois de plus ou de moins? Mirabeau ne s'y fût pas trompé. La constituante commença avec

---

[1] Je ne fais pas de doute, qu'avec cette direction nationale, les avenues du palais législatif n'eussent eu de la peine à contenir la foule! Souvent, j'ai gémi de la solitude qui régnait autour de son enceinte, comme du principe et des conséquences de ce délaissement.

moins de forces; dans quelques jours elle entraîna tout. Parmi les trois cents nobles, les trois cents prêtres, et les six cents membres des communes, se trouvait-il cent personnes qui vissent au delà des cahiers dont elles étaient porteurs? Assurément, non. Il suffit de quelques hommes pour amener un redressement général; on vit accourir des trois divisions de l'assemblée pour entendre les vérités nouvelles, dont chacun portait le germe en lui. Bientôt on vit se ranger sous ces drapeaux, ceux que d'autres idées avaient députés vers d'autres lieux. On a beaucoup discuté sur la majorité, la présidence, et autres choses placées à la circonférence des affaires. Est-ce donc que la majorité interne importe beaucoup, et ne dépend pas de la majorité externe? Que celle-ci soit forte en principes constitutionnels, elle aura bientôt raison de celle-là, et lui tracera inévitablement la route. Qu'importe, avec une opposition de cent cinquante personnes, qui occupe le fauteuil? La partialité ne trouve place que dans les petits nombres des opposans : mais entre égaux ou quasi égaux, elle devient impossible. Comment a-t-on pu se flatter d'arriver à la majorité par des dissolvans, tels que des attributions de hautes places, un grand calme, une courtoisie soutenue, une prudhomie rassurante? ces petits ingrédiens sont sans vertu avec les majorités; celles-ci tirent à elles ce qu'ils peuvent leur offrir d'avantages, mais elles restent ce qu'elles sont; les majorités se conquièrent et ne se donnent pas. Celle de 1828 ne s'est pas laissé prendre à ces petits appas; elle est restée ce qu'elle était, la majorité: car, à l'exception de ces questions dont tout le monde veut être, dans les autres, l'opposition n'a point possédé la majorité : elle ne s'était pas mise en mesure pour qu'on ne pût pas la lui refuser. L'opposition a débuté par un bill d'indemnité envers la droite, qui, depuis 1815, a soutenu la direction, source du mal ; elle l'a métamorphosé et renfermé en trois hommes. Voilà la droite libérée de la pénible responsabilité qui pesait sur elle ; elle a regardé froidement ses adversaires charger à coups redoublés ses trois suppléans. Pendant ce temps, l'opposition courtisait le centré, qui de temps à autre se renforçait à ses dépens : ce centre aussi avait bien quelques comptes à rendre pour le passé ; on les a soldés avec des demi-portefeuilles. Dans ces oscillations, ce centre, qui apprécie sa force décisive dans beaucoup de cas, a porté la victoire là où il a voulu, et finalement cette majorité, si impatiemment attendue, n'est pas échue en partage au côté gauche. On a dit, attendez les renforts espérés, et vous verrez : ils sont venus, et qu'a-t-on vu ? D'ailleurs, que présente à l'esprit une majorité mobile, une majorité de quelques voix ? L'effet légal est produit par le moins comme par le plus, je le sais ; mais l'effet moral, l'effet d'influence l'est-il également ? La représentation de l'opinion nationale se trouve-t-elle dans une balance presque égale de voix, de manière à peindre, non pas la pensée de la nation, mais sa division ? Cependant on est resté à ce point. La faute capitale est d'avoir amnistié la droite, en prenant pour victimes trois hommes ; dès lors, il n'y a plus eu lieu à parler de la direction, mais seulement de ces trois hommes; ni de remonter dans le passé, mais de prendre pour point de départ leur administration; de parler des principes, mais seulement des faits privatifs des trois hommes mis en cause. Jamais contre-sens ne fut plus dommageable. Le champ de l'opposition se trouvait ainsi resserré, elle s'était bornée elle-même; et en marquant les limites de la lice, elle s'était condamnée à ne pouvoir user que de ses plus faibles armes; elle s'est comme interdit tous les avantages qu'elle pouvait retirer du rappel du passé, ainsi que la faculté d'y revenir. En se rapetissant ainsi, elle a alangui l'esprit public; il s'est affaissé faute d'alimens propres à le soutenir. L'opposition elle-même s'est comme fondue. Descendue des hauteurs qu'elle avait fermement occupées pendant tant d'années, elle est restée éparse au milieu de ses nouvelles richesses, elle s'est comme perdue en se multipliant. Pourquoi? toujours par la même raison ; la franchise et la netteté de son rôle avait fait sa force ; l'incertitude, et comme le vague de celui qu'elle a choisi, a fait son amincissement : les hommes n'étaient pas rapetissés, mais leur position était inférieure; les talens restaient, mais le piédestal était rabaissé. Aussi l'honneur des armes de la tribune est-il resté à M. de Martignac; il a rabaissé des drapeaux en possession des sommités de l'opinion. *A père avare, fils prodigue;* à ministre brutal, de langage inculte, a succédé un homme en qui respirent la grâce, l'urbanité, au doux maintien, au langage *melliflu*, syrène de tribune : avec lui, par la position adoptée par elle, l'opposition a perdu tous les avantages qu'elle avait contre son prédécesseur; elle a perdu de même l'influence vive et pénétrante qu'elle avait exercée sur la nation : car les nations ne cèdent qu'aux fortes impulsions, elles ne se donnent pas à de faibles excitations, au bas desquelles sont appendues des recommandations quotidiennes à la prudhomie. Pensez, mais ne songez pas; avec cela on ne va pas loin. Les nations ne reprennent pas leur élan, comme des individus peuvent le faire. Quand on pense que toutes les souffrances, les hostilités depuis 1815, n'ont conduit qu'aux approches de la majorité dans la session de 1828, et que leur cours se fût soutenu sans lasser la patience publique, sans la témérité de la dissolution des chambres, on sent tout le prix de la direction qui entretient ce feu sacré, si difficile à rallumer. Où se trouve-t-il maintenant? Par quels signes se manifeste-t-il? L'héroïsme des banquets, l'énergie des toasts, éclatant en toute sécurité, me rassurent moins et avancent moins les affaires que ne le ferait une tribune retentissant de la réclamation des principes sociaux, et de l'exposition des vrais intérêts nationaux. Les grands objets se perdent, et se parfilent en quelque sorte dans les détails; des causes minimes ne peuvent pas conduire à d'importans résultats. On a adopté une de ces locutions qui, partant d'un principe sain en lui-même, se rapportant à un objet juste, se présente avec des apparences honorables: ainsi, on entend sans cesse invoquer l'ordre légal; certes, il est indispensable, car son absence serait l'anarchie.

Le mot loi porte avec lui l'idée de la raison et de la justice; la présomption est en sa faveur; au seul nom de la loi, on croit voir et sentir une émanation de la divine sagesse; mais comme, malheureusement, beaucoup de lois s'écartent de ce modèle, surtout dans les temps de partis, il faut aviser à ce que la généralité de cette invocation n'amène pas beaucoup d'inconvéniens. Avec l'ordre légal le juge, en sûreté de conscience, peut appliquer la loi qu'il réprouve; le gendarme, et toute la hiérarchie exécutive de la justice, peuvent faire l'application de la peine : et le baron d'Orthez aurait eu tort d'écrire à Charles IX, *employez-nous à choses faisables.* Or, dans les sociétés humaines, ce sont les *choses faisables* qu'il faut. En Angleterre, le pouvoir dispensatif et suspensatif des lois, le droit divin même, formaient l'ordre légal,... le despotisme l'est en Espagne et en Italie; est-ce une raison pour les invoquer? Chacun à son tour peut avoir son ordre légal. Une grande discrétion, un discernement judicieux, sont donc nécessaires dans ces sortes d'invocations; chez nous elles peuvent faire beaucoup de mal, en tombant sur des esprits dans lesquels les idées du juste et de l'injuste ne sont pas suffisamment débrouillées... Dans l'ordre législatif, à la tribune, le mot d'ordre légal ne devrait jamais être prononcé sans la désignation du caractère propre à l'acte auquel cette locution est appliquée. Des hommes, officieux consolateurs, et pour calmer nos douleurs sur le mince résultat de la session, étalent devant nous le tableau de ses travaux. Ici plusieurs choses sont à noter : ce qui est du fond de la session, et ce qui était dans la position, et pour ainsi dire forcé. Quand une administration change, le successeur change naturellement quelque partie de l'héritage auquel il est appelé; autrement, autant vaut rester comme l'on est; il est de ces choses qui sont comme toutes faites, que chacun ferait; leur exécution ne mérite donc pas d'être remarquée. Or, les travaux de la session se rapportent à cet ordre qui appartient également à tout le monde. Il n'y a du fond même de la session, que la proposition incidente de M. Dumailet, qui tombe sur un objet très-secondaire... Tout le reste était comme écrit par l'indication publique. Le travail de la session a-t-il constaté les besoins de la France? A-t-il répondu à son attente? A-t-il montré que la mission donnée par les élections était bien comprise? La réformation sociale a-t-elle avancé? Voilà toute la question....... Quelques améliorations ont été produites, mais elles ne sont point du fait de la session; elles étaient forcées d'après les élections et le changement du ministère; elles auraient eu lieu en l'absence de la session, comme en sa présence; elle y a assisté plutôt que présidé; elle en est le nominatif, mais non le créateur. Cette distinction est indispensable à faire, et a échappé aux hérauts des merveilles de cette session, qui, sans s'en apercevoir, tombent dans une contradiction habituelle; car on entend et on lit partout des accusations sur la permanence de l'administration et des procédés Villèle, au point de donner à penser, d'après ces plaintes, qu'il est encore en place. En vérité, ces joies, ces airs de triomphe font ressembler, ceux qui se trouvent satisfaits de cette espèce de répit, à ces oiseaux enfermés sous une enveloppe de verre dont on a retiré l'air, et qui battent des ailes, dès qu'en la soulevant le retour de l'air rend du jeu à leur poitrine. Aucune loi, aucune partie du budget n'a fait éclore quelque vue, quelque idée neuve, grande, forte, relevée par l'expression : le zèle et la science n'ont pas manqué, mais le rôle a baissé. Comment aurait-il pu en être autrement? On s'est privé de ce qui le fait éclater : *les principes*. Hors d'eux, il n'y a plus qu'une vaine faconde, un cliquetis de mots, une académie peut-être, ou un barreau savant, mais pas une tribune politique pour un grand pays, que dis-je, pour le monde; car la tribune de France sera toujours le *diapason* de celles de l'Europe. Voilà la considération qui doit toujours élever, réchauffer, élargir l'esprit des orateurs français. La France, il est vrai, est bien le lieu sur lequel reposent leurs pieds et retentit leur voix; elle leur prête territoire; mais les effets qu'ils sont destinés à produire, de la France se propagent sur le monde entier. Tel est l'auditoire véritable de l'orateur français; c'est devant lui qu'il se présente, c'est lui qu'il doit avoir en vue toutes les fois qu'il s'élève à ce haut poste, où se touchent de si près le plus grand bien ou l'inutilité, le plus grand éclat ou l'obscurité, la renommée ou l'oubli; dans ce poste élevé, un orateur ne doit pas perdre de vue le but général du mouvement qui agite le monde : la réformation sociale. Il a donc à la promouvoir; il est là comme un continuateur de cette assemblée qui l'a commencée; il doit connaître le prix de chaque pas qu'elle fait, et celui d'en mettre son pays en possession, en accélérant l'époque de son complet établissement; quarante années d'épreuves sont bien suffisantes, et doivent, comme la nuit, paraître longues à la douleur qui veille. Plus ses adversaires cherchent à l'écarter de son objet fondamental, plus cet orateur doit s'y attacher et y revenir. Peut-il donc se flatter de faire quelque chose avec succès et solidité, tant que cette réformation sera encore en contestation? Plus aussi, au dehors, les restrictions sont imposées au développement des forces morales des sociétés, plus il y a à travailler, là où il est permis de le faire; à les promouvoir, à opposer leur activité à l'amortissement qu'on veut ailleurs leur faire subir, et à conserver la tradition des vrais principes sociaux; mais on ne la conservera pas, en se bornant à discuter quelques questions incidentes, excentriques, et souvent en dehors des principes mêmes de la matière. Comment ne pas s'apercevoir qu'il y a là, non pas une occupation, mais une distraction propre à détourner des intérêts réels? Dans toute affaire, celui qui se borne à suivre un adversaire, qui reçoit pour ainsi dire de lui la direction, reste dans une condition inférieure, et n'obtiendra jamais rien d'efficace; il faut avoir son plan à soi, et savoir en prendre l'initiative. Si la constituante se fût mise à la suite des propositions de MM. de Barentin et

Necker, elle aurait eu le sort des anciens états généraux, inutiles ou désastreux, comme ils l'ont tous été. Ici il y avait aussi à prendre une initiative : les Villèle, Corbière et Peyronnet s'en allaient comme l'avaient fait les Brienne et les Lamoignon. Les pères de la cour plénière, et les administrateurs depuis 1822, se touchaient en beaucoup de points; et, comme après la chute des premiers, on fut porté naturellement à réviser un état qui avait engendré tant de maux; par une similitude complète de circonstances, on était amené à invoquer le même remède. Je le dis avec quelque douleur, je n'ai rencontré nulle part une trace de la connaissance réelle de la position, à l'ouverture de la session 1828. La France compte, dans l'espace de cinquante-sept ans, trois grandes attaques contre ses libertés.

1°. En 1770, par la suppression des parlemens, d'où datait le pouvoir absolu, formellement proclamé par Louis XV, dans la fameuse séance de dissolution de ces grands corps, seules garanties et restes des libertés primitives; 2°. en 1788 par la formation de la cour plénière, espèce de législature domestique, construite dans les proportions les plus favorables à la servilité et à l'oppression; 3°. par les élections de 1827. *Corruptio optimi pessima.* Le gouvernement représentatif est le meilleur de tous les gouvernemens, car il est le plus suivant le droit et les moyens du droit; il appelle les nations à la participation du maniement de leurs propres affaires, droit fondamental, et leur donne des garanties, chose indispensable. Mais, pour rencontrer ces propriétés dans ce mode de gouvernement, il faut qu'il ait toute sa vérité, c'est-à-dire, toute sa sincérité. Le pivot de ce gouvernement est le droit électoral de la représentation; si elle est faussée, il ne reste plus qu'une apparence de représentation, et ce qui devrait servir à la liberté sert contre elle. La simplicité de ce gouvernement est une de ses beautés; il porte sur deux ressorts, les chambres délibérantes. L'une dépend du gouvernement par la faculté qu'il a d'y ajouter des objets de son choix; si des réseaux adroitement disposés donnent aussi la disposition des choix pour l'autre chambre, la totalité d'un pouvoir partageable entre trois, se réunit alors dans la main d'un seul, et la liberté reste annulée sous le voile de la liberté, et par ses mains. Or, voilà ce qui, depuis 1824, a été constamment tenté, et perfectionné en 1827. Si un effort généreux n'avait pas brisé la plus grande partie de ce réseau, la France était également dépouillée de liberté, et ramenée par d'autres voies à une autre cour plénière; le parti dont les Villèle et compagnie étaient les agens, avait accompli ce que Robertson dit de Louis XI, qu'il représente comme le type des corrupteurs d'élections. Quel immense enseignement renfermait un pareil fait! Et malheureusement ce qui en 1788, souleva la France, en 1828 a presque échappé à l'attention. Cependant il devait parler fortement à l'esprit des élus de 1827. Qui peut répondre des suites d'une quatrième épreuve? Une méthode fatale a prévalu parmi nous : les affaires ne se décident plus par leur principe, mais par des considérations, large porte ouverte à l'intrigue, aux intérêts, aux demi-mesures, aux retours des embarras. Les affaires, au lieu de garder l'air sévère du droit, le seul qui leur convient, prennent celui de concordats, de transactions, d'arrangemens : on arrange les affaires, on ne les fait plus; les affaires sont pour un grand nombre un sujet de conversation et non d'affection; il y a une force centrifuge qui éloigne des principes et qui porte vers les considérations, soit comme motifs déterminans, soit comme portes de sortie dans tous les embarras, et cependant il n'est pas de méthode plus efficace pour les renouveler.

Que l'on m'accorde, en raison de l'importance des principes, la faculté de jeter un coup d'œil sur l'emploi qui a été fait des principes dans toutes les discussions de 1828. La session est ouverte; une adresse laborieusement façonnée, longuement discutée, se trouve, dans son intérêt majeur, renfermée dans deux mots, *Système déplorable*. Rapportés à trois hommes, ces mots renfermant une violation évidente des réalités; car ces trois hommes n'avaient pas fait le système, ils n'en étaient que les exécuteurs, et l'un d'eux, parfois, un exécuteur indocile et récalcitrant. Près de deux mois s'écoulent en discussions sur les nominations des députés. Deux ou trois élus sont éliminés; deux ou trois préfets sont renvoyés ou transvasés; le mal était-il là? Assurément non; mais dans le double vote, mais dans le *vote obligé*, mais dans les doctrines perverses données pour bases à cette tyrannie. Les préfets n'étaient pas les vrais coupables; la corruption, comme en temps de peste, était dans l'air, c'est-à-dire, dans la direction générale; entre les renvoyés et les restés[1], la différence n'était que celle de quelques circonstances. Il fallait donc reprendre les choses plus haut, s'attacher à elles, et laisser là les hommes. Il n'a été question que de faux électeurs matériels; mais les faux électeurs moraux, les lâches, les intéres-

[1] Parmi les centaines de sous-préfets que compte la France; un seul, M. Brault, sous-préfet d'Issoudun, a préféré une destitution à servir d'instrument aux turpitudes électorales de cette époque. Ce serait une curieuse collection que celle des circulaires et mandats de toute espèce émanés de la main des autorités, pour les élections.

sés, et c'est le grand nombre, n'ont pas encouru la honte d'une mention. Le vote obligé a reçu une amnistie par le silence gardé sur lui. Que fait à la patrie de sévir contre vingt faux électeurs matériels, quand aucune flétrissure n'atteint le faux électeur moral? Est-ce donc que, pour un du premier genre, il ne peut pas y en avoir dix du second? Quelques lignes de loi peuvent atténuer beaucoup la corruption matérielle, il faut quelque chose de plus contre la corruption morale. Dans cette discussion, la plus importante de toutes, car elle est vitale, a-t-on entendu un mot, un seul mot sur l'étendue du crime qui expose une nation, en corrompant son système électoral, à manquer de légitimité dans sa législation? certes, cela valait, autant que toute autre chose, la peine d'être présenté aux réflexions de la Chambre. Lorsque deux fois le ministre de l'intérieur a réclamé, dans les élections, une influence forte, puissante, pour le gouvernement ; lui a-t-on fait la distinction des deux juridictions électorales, l'une matérielle et l'autre morale ; la première entièrement au gouvernement, la seconde aux électeurs ? lui a-t-on fait observer que, si cette réclamation portait sur l'intérêt que le gouvernement a au résultat des élections, de son côté le peuple a le même intérêt au résultat de toutes les nominations aux fonctions publiques, puisque c'est sur lui qu'elles s'exercent, et que c'est lui qui les paie ? A-t-on dissipé les décevans raisonnemens sur lesquels on a basé la doctrine *du vote obligé*, doctrine subversive du droit électoral, le coupant dans sa racine, faisant prévaloir une locution absurde par la réunion de deux mots contradictoires, *vote* et *obligé*, dont l'un suppose la liberté, et l'autre l'esclavage? A-t-on distingué les circonstances critiques dans lesquelles l'intervention du gouvernement est nécessaire, de l'état habituel, où les élections ne sont qu'un acte ordinaire de l'ordre qui régit l'état? En Angleterre, lorsque pendant vingt ans les élections se balançaient entre les Stuarts et les Brunswiks, l'intervention du gouvernement était requise pour arrêter un ennemi. Grâce au ciel, rien de pareil ne se montre chez nous, tout se passe dans l'ordre légal d'une lutte, entre des compétiteurs également autorisés par la loi. La question de la réélection du député promu à des fonctions rétribuées, porte sur un seul principe, celui du changement survenu dans la position du promu, changement qui peut lui donner une direction à laquelle l'électeur n'aurait pas accordé sa confiance, comme elle peut aussi le rendre l'avocat de *celui* contre lequel il avait été nommé comme contrôleur; toute la question roulait donc sur la confiance de l'électeur. Le rapporteur de la commission, après en avoir dit un mot, s'est détourné sur d'autres objets, ils ont absorbé toute la discussion; et dans la chambre des pairs, le duc de Broglie a seul énoncé le principe. 1,200,000 francs ont été accordés pour les séminaires. Là encore se présentait une seule question, non pas celle de l'argent, mais celle de l'esprit du clergé. A-t-il été dit : Pour qui demande-t-on cet argent? Est-ce pour des amis ou des ennemis de nos institutions et de la réformation sociale? Dans le premier cas, voici votre argent; dans le second, point d'argent. Qu'est une question d'argent à côté d'une question de principes? Que sont à la France 1,200,000 fr. en plus ou en moins; mais que ne lui importe-t-il pas de donner son argent à des amitiés ou à des inimitiés? Cette déviation des principes a particulièrement éclaté dans la question de la censure facultative. On a demandé la suppression de celle-ci, on a gardé la censure préventive. L'article 15 autorise la suspension d'un journal de dix jours à deux mois. Cet article consacre la violation du principe le plus évident, celui que la loi ne peut atteindre que l'action commise, et jamais l'action à commettre. D'après cet article, on pourrait interdire la parole à temps à qui aurait menti, calomnié; on pourrait condamner aux arrêts celui qui aurait troublé, insulté les passans dans la rue. Cet article donne raison à ces peuples d'Asie, qui cousent la bouche à ceux qui parlent trop, et qui la fendent à ceux qui ne parlent pas assez. Qui, dans la chambre, a fait une réclamation pour le principe, et a demandé que toute censure disparût à jamais de nos codes, et qu'à sa place, on restituât ses droits à la raison et à la sociabilité, droits violés par cette prévention d'action? En Angleterre, a-t-on eu l'idée d'établir légalement une pareille prévention? L'assemblée constituante, la constitution de 1793, mieux avisées, l'ont abolie et proscrit à jamais. M. Lafitte seul a relevé les paroles échappées, sans doute, au garde des sceaux; nul n'a relevé celles du ministre de la marine sur la guerre d'Espagne, et pas davantage celles de ce général de Napoléon, qui a adopté la gloire de l'armée de Condé. Eût-il énoncé cette adoption devant son ancien chef? Un Romain eût-il adopté la gloire que Coriolan eût acquise en combattant contre Rome? Toutes ces inconvenances ont passé debout devant l'opposition.

On a incidenté sur une plus-value de traitement pour les Suisses. Eh! qu'importent les Suisses ou autres? Ce qui importe, est que le territoire ne soit ouvert à une force étrangère que par la permission des trois branches de la législature, remettant, au nom de la nation qui en est propriétaire incommutable, la clef de ce territoire à des étrangers qui ne peuvent y paraître sans cette autorisation. Quand le pouvoir était concentré dans les mains du prince, à lui seul appartenait d'autoriser;

depuis qu'il est divisé, le concours est nécessaire. Depuis douze ans on s'égare sur cette question, en négligeant le principe pour s'attacher à des personnalités[1]. Il ne tiendrait qu'à moi d'étendre cette exposition, même aux questions financières, coloniales, de marine, de douane; en tout, le principe a été laissé à l'écart pour des considérations denuées de substance et

---

[1] Cet oubli n'est pas de mon fait, car depuis douze ans je n'ai pas cessé de rappeler ce principe.

Dans cette question, il ne s'agit pas plus des Suisses que de tout autre peuple, mais d'un principe. Si les Suisses peuvent être en France sans l'autorisation des trois branches de la législature, les Anglais, les Russes, les Chinois peuvent y être aussi introduits. La manie des *personnalités* a fait une question *suisse*, d'une question de principe.

d'intérêt réel. Ce délaissement des principes est d'autant plus déplorable, que l'opposition a en tête des ennemis qui ne se départent pas des leurs, qui ont une discipline, des plans et des inspirateurs. M. Guizot ne s'y est pas trompé; en 1821, il recommandait de ne pas se confier dans l'impéritie de ce parti; il annonçait l'adjonction et le secours de cette espèce d'hommes que les sociétés civilisées fournissent, et qui sont toujours prêts à prêter au pouvoir les talens qui peuvent lui manquer. *Tout l'esprit du monde est à vendre*, me disait un jour Napoléon, qui avait payé beaucoup de cet esprit, quoiqu'il en eût besoin moins que d'autres. Eh bien! il en a été vendu à ce parti; et s'il s'est montré fort inférieur en talens à l'opposition, en revanche, il s'est montré très-supérieur en tactique. Il possède des avantages immenses dans son approximation avec le pouvoir, qui tient ses adversaires à distance. C'est là qu'est sa force; sans elle, depuis long-temps, il ne serait plus; car, détaché du corps de la nation, il manque de racines fortes et profondes; il les a jetées ailleurs. Quoique pressé par le temps, je ne puis me détacher de cet important sujet, et je dois encore jeter un coup d'œil sur des allégations excusatrices ou confortatrices de la marche qui a été suivie. On a allégué la nécessité de ne pas effrayer des hommes timides. Il fallait s'en passer, ils ne sont bons à rien; les principes les auraient remplacés avec avantage, une autre crainte les aurait ramenés: quand doit-on craindre les craintifs? Mais on a été trop vite en 1819. Non, à cette époque, on n'a été ni vite ni lentement, mais inconsidérément; dans je ne sais quel but, on a fait des fautes qui ont coûté le double vote, et d'autres choses encore. Il fallait ménager la droite. Non, il fallait la soumettre, en lui montrant cette tête qui change en pierre, sa vraie Méduse, le tableau de ses œuvres depuis 1815. Il fallait ne pas provoquer le retour des trois hommes, ou n'en pas faire surgir d'autres. Au contraire, c'était là ce qu'il fallait; une lutte décisive se fût engagée et notre marasme eût fini. Je ne méprise pas assez le peuple français pour croire qu'il en soit à craindre tels ou tels hommes, et l'esprit des électeurs me paraissait plus fort que ces hommes-là. Arrivent tels hommes qu'on voudra, ils se retrouveront toujours vis-à-vis la sociabilité de trente-trois millions de Français qui les contiendra, ou qui leur fera trouver le sort des Loménie et des Lamoignon, s'ils veulent aller droit devant eux.

Le rappel des trois hommes était une faute trop lourde pour pouvoir l'espérer; leur présence eût changé en feu, la glace dont nous avons été frappés. Toutes ces allégations ne sont que les excuses de la faiblesse ou de la brièveté des vues. Voila ce que l'on trouve au fond de quatorze ans d'oubli *des principes*, et de leur changement en ajustement d'affaires. Je le répète, parmi nous aujourd'hui tout l'art se réduit à faire aboutir une affaire à un but déterminé, *sans faire trop crier*. Tous les libéraux sont devenus monarchiques, et tous les monarchiques sont libéraux : voilà un mot parti d'un bon naturel ; mais le gouvernement représentatif sentimental n'existe pas. Le lendemain de ce doux apophtegme fut un jour des plus violens débats. Dans cette session, la droite, intéressée à faire prendre le change sur sa participation au mal passé, a pris le rôle de gardien alarmé pour la royauté, d'amant jaloux de ses droits[1]. La gauche s'est aussi mise à faire du royalisme, et à lutter de zèle avec elle. Plus de discours sans protestations de royalisme, sans profession de foi, souvent même religieuse. A quoi bon[2] ? Espère-

---

[1] Voyez la discussion sur la proposition de M. Du Meilet, ainsi que le ton sur lequel, à la chambre des Pairs, elle a été épuisée par M. le comte de Vogué.

[2] Cela n'a lieu en aucun pays de l'Europe, et ne se trouve que chez nous : en Angleterre, on ne parle jamais du roi; en France, on ne cesse pas d'en parler. De quel côté le respect est-il

t-on persuader? Souvent la droite y a répondu par des risées. Avons-nous besoin de tant de protestations pour une chose qui est également dans tous les esprits?

---

mieux entendu? Dans toutes les occasions on ne sait plus aborder les princes qu'avec des discours, dont une grande partie sont les *fac simile* de ce que les mêmes orateurs souvent avaient adressé à d'autres. Cette pratique, empruntée à l'empire, pouvait convenir à celui-ci; par cette raison même, la restauration devait s'en éloigner. Il en est chez nous comme il en fut dans l'empire grec, où l'on n'approchait du prince qu'avec des harangues étudiées, dictées par l'adulation, et dans lesquelles l'orateur se cherchait lui-même, bien plus que l'honneur du prince. C'est le fait de tous ces discoureurs que l'on voit périodiquement tordre leurs vieux complimens pour revêtir les nouveaux de nouvelles couleurs. Soyons royalistes de raison, d'affection, et ne parlons plus de notre royalisme.

Qui, en France, ne veut pas la royauté et la dynastie ? Qui songe à l'encontre? Si la droite veut la royauté *prestigiaque*, la gauche veut la royauté constitutionnelle; mais toutes les deux veulent également la royauté: l'une suivant le temps ancien et incivilisé, l'autre suivant le temps actuel et civilisé, seulement la droite veut une royauté séparée du temps, et la gauche veut une royauté appuyée sur le temps présent. Au lieu de rester dans une allégation vague qui la confondait avec son adversaire la gauche devait proclamer une définition qui l'en séparât, et qui la plaçât au premier rang des véritables défenseurs du trône. Et ce trône, pour lequel, à droite, à gauche, on proteste, qu'a-t-il besoin de tant de protestations? Tous ces protestans ont-ils mesuré la profondeur et la largeur de ses racines? Pour moi, plus j'y regarde, plus je me sens pénétré de la vérité de ce que j'ai énoncé en 1820, dans mon écrit sur la loi des élections, *que le château des Tuileries est la plus forte place de l'Europe*. On a placé de l'espoir dans l'accession de nouveaux députés : elle a eu lieu; elle n'a pas rempli l'objet, elle ne le remplira pas davantage à l'avenir. La session prochaine en fera foi. On s'appuie sur les progrès de la civilisation; mais quels obstacles ne lui prépare-t-on pas? Croit-on que les ennemis de la réformation sociale s'endormiront, qu'ils ne tireront pas avantage de la circonspection qu'ils ont rencontrée, de l'alanguissement qui a été produit? Que l'on mesure ce qu'ils feront par ce qu'ils ont déjà fait, par l'intérêt qu'ils ont à faire, et par les moyens dont ils disposent. Ils ont vu prendre le change ; ils ne travailleront pas pour en faire rappeler, mais pour exploiter les effets de la méprise. Les générations nouvelles donnent de l'espoir ; elles sont tournées vers les choses graves, sérieuses, et, si l'on peut parler ainsi, substantielles dans l'ordre social. Mais la vie de l'homme a deux âges : celui des théories et celui de la pratique. La jeunesse est le temps des premières ; le second est celui des intérêts.

Voyez ce jeune homme qui naguère revenait de ses études, l'esprit plein des plus séduisantes théories, des désirs les plus libéraux ; devenu époux, père, attaché à une profession, à un intérêt matériel, pour lequel il a besoin du pouvoir, tâchez de reconnaître en lui l'homme des livres qui avaient façonné son esprit : combien résistent à cette épreuve? Le système expectant, de correction graduelle, reçoit sa condamnation de la publication quotidienne des journaux, qui, avec trop de vérité, répètent des plaintes sur l'état actuel, qu'ils représentent comme la continuation de l'ancien. C'est à la présentation des lois nouvelles qu'on connaîtra le succès réel de ce système de cunctations. Quand on parle journellement des obstacles qu'éprouve le ministère, dit-on qu'avec plus de tension, plus de nerf dans la session, ils n'existeraient pas; que les ministres, soutenus par la force de l'opposition, ne les auraient pas amenés à céder? Il ferait beau voir ce qu'à leur place feraient leurs accusateurs! Si malheureusement les choses se trouvaient arrangées parmi nous, de manière que ceux d'où la direction exclusive doit partir, au contraire eussent à la recevoir, et à suivre, là où ils devraient guider, à qui la faute, si non à ceux auxquels il appartient de replacer les choses dans leur état naturel? Nous n'y sommes point, il est trop vrai; mais une opposition législative, toute de principes, nous y replacerait; et nous n'y serons pas tant que l'opposition s'agitera dans une autre arène que celle des principes sociaux. Son zèle, son courage, ses talens, seront perdus pour la patrie; elle perdra ses avantages, comme une armée mal postée ne tire aucun profit de son instruction ni de sa bravoure.

La marche de l'opposition a donc été fausse de tout point : elle avait à débrouiller notre position, une des plus compliquées qui aient jamais existé; elle avait à finir avec les partis. Quand un pays a-t-il une direction droite et ferme, tant qu'il est divisé en partis? Le parti a pris une nouvelle force. Attéré par les élections, il a revécu dans la chambre, où il devait être abattu : elle devait être son tombeau, on en a fait pour lui ce qu'était la terre pour un géant qui en avait reçu le jour. Après la faute capitale d'avoir fait trois hommes du système établi et agissant depuis 1814, il ne manquait que celle de les accuser. A la suite de longs tâtonnemens, on s'y est décidé. Mais pour accuser il manquait deux choses, le fond et la forme. Les délits accusables ne sont pas définis par nos lois, mais seulement indiqués ; les moyens de la poursuite ne le sont pas davantage dans des parties essentielles. Il était facile de prévoir que la dignité de la chambre aurait à souffrir de l'incomplet de sa juridiction, qui a porté même quelques-uns de ses propres membres à se refuser à l'appel fait par sa commission d'accusation. Il est difficile d'employer un plus faible raisonnement que celui qui fut produit alors. Il y a déficit dans l'organisation de la vindicte nationale, disait-on. Est-ce une raison pour priver la nation de réparations? Oui, c'est une raison, et une très-bonne raison. Quand les individus négligent leurs droits, ils portent la peine de leur négligence : autant doivent en supporter les nations négligentes à faire valoir les leurs, et à plus juste titre encore, car elles possèdent de plus grands moyens que les particuliers de se faire rendre justice. Les accusateurs s'étaient-ils aperçus de l'étrange position dans laquelle ils se plaçaient eux-mêmes, si M. de Villèle, s'élevant au-dessus des petites considérations qui mènent presque tous les accusés à la condamnation, eût sommé ses adversaires de sortir du système qu'ils s'étaient fait, pour voir les choses dans leur réalité; s'il avait démontré qu'il n'était que l'enfant et l'agent du système, qu'il l'avait contrarié en plusieurs cas; que ses contradictions lui avaient valu les oppositions sous lesquelles il avait succombé; et que la justice, le courage et l'honneur exigeaient qu'en accusant les auteurs des délits, la nature et l'étendue de ceux-ci fussent précisés; qu'il fallait donc faire le procès au système établi depuis 1814, aux conseils qui l'avaient suivi, propagé, aux chambres qui avaient adopté, et forcé même quelquefois les mesures proposées; que l'iniatitive royale, et la responsabilité ministérielle allaient mal ensemble, et que des accusations lancées contre un système et des mesures prises en conseil, papiers sur table, sous les yeux du prince, en conseil annoncé par jour et par heures, par fois avec appel de ministres extérieurs, embrassait tous les membres de ces conseils et remontait même jusqu'au prince [1]. En continuant ce haut plaidoyer, M. de Villèle, bravant ses accusateurs, n'auraït-il pas pu leur demander, de définir la trahison faite en conseil commun à huit ou neuf ministres, et la concussion, dans des temps riches de cent bourses publiques? N'aurait-il pas pu dire: On m'accuse pour des crimes d'un autre

---

[1] Voyez le dernier plaidoyer de Me. Hennequin, dans l'affaire de la *Gazette de France*.

gouvernement que le nôtre, et de la civilisation d'un autre siècle. Avec *Lapanouze*, qu'avais-je besoin de concussions ? Avec mille journaux, comment peut-on trahir ? Quand, par un hommage aux intentions du prince, le peuple disait, *si le roi le savait !* ce cri de confiance était à la fois le cri de l'ignorance générale du temps, que le nôtre ne permet plus; et dans ce temps où les lumières affluent de toutes parts, et encore plus vers le trône que partout ailleurs, ce même cri renfermerait quelque chose d'irrévérencieux. Là aurait apparu la grande et formelle contradiction du régime qui nous entrave : celle du gouvernement représentatif dirigé en dehors de ses directeurs responsables. Dans le gouvernement représentatif, le ministère ne peut pas être borné à exécuter; de plus, il doit diriger : autrement il ne peut être responsable. Aussi, qu'est devenue cette accusation ? C'était la première. Le premier pas dans cette carrière devait donc être bien assuré, sous peine de nuire beaucoup à ceux que l'on voudrait y faire après ; il pourrait bien être que cette accusation première, dans son avortement, n'ait abouti qu'à un bill d'indemnité pour les Villèles à venir : effet inévitable des mesures faibles et mal avisées.

Je m'arrête, car je ne fais pas de censure, ni ne dresse d'acte d'accusation ; je n'aspire qu'à servir, en montrant le bien et le mal de ce qui a été fait. Qu'avons-nous gagné par le fait de la session ? Où en étions-nous aux élections de 1827, et où en sommes-nous à l'ouverture de la session de 1829 ? Dans l'ordre politique, le temps ne se mesure pas autrement. La réformation sociale a-t-elle avancé ? Les droits nationaux ont-ils été définis ? et sans cette définition, que possédons-nous ? Les partis ont-ils été dissipés et ramenés tous à l'unité nationale, la seule qui puisse assurer le repos public et intérieur ? Sommes-nous plus avancés qu'en 1789, et même qu'en 1814 ? Ce qui alors eût blessé nos oreilles les effleure-t-il aujourd'hui ? Nos législateurs sont-ils plus ou moins habitans du palais ? et ce n'est point au pied des grands escaliers que Minos et Lycurgue faisaient leurs lois. La place de la religion et celle du clergé, choses fort différentes, ont-t-elles été assignées ? Quel chemin en tout genre avons-nous fait ? Voilà ce qu'il y a à considérer, et non pas de minces corrections qui, il est vrai, rendent un état plus tolérable, mais qui ne le changent pas; qui amendent, mais qui ne corrigent pas un fond essentiellement vicieux ; qui peuvent laisser la jouissance d'un bonheur matériel, *autrichien*, mais qui tiennent en dehors des hautes jouissances intellectuelles que promettent notre civilisation et ce mouvement général que nous avons imprimé au monde, dans lequel, entrés comme créateurs, nous restons retardataires, et simplement entraînés là où nous devrions paraître comme accélérateurs. Or, tel est notre état actuel; j'en appelle à tous les hommes judicieux... La France, en se débarrassant de son ancien régime, a fait une immense conquête, celle du gouvernement représentatif; il était le but et le résultat de la révolution; tout le reste n'est qu'accessoire et accidentel...; mais ce gouvernement ne vaut que par son intégralité et sa sincérité. S'il n'est que mi-parti, tronqué, rapporté de la nature des choses à des intérêts privés, alors il perd ses avantages, de manière à faire demander si, à part de la civilisation générale, notre gouvernement représentatif, dans sa plus grande force efficiente, qui est les deux Chambres, lorsque l'une de ces Chambres subit toutes les créations exigées par l'embarras d'un ministère, et lorsque l'autre subit les influences du *double vote* et du *vote obligé*, renferme un très-grand nombre de nobles et de fonctionnaires; si, dis-je, là, dans l'ordre rationnel, se trouvent autant de garanties qu'il en existait dans les corporations constitutionnelles du clergé, de la noblesse, dans les corps de magistrature, dans les pays d'états, dans les privilèges des villes, et des universités? La révolution, en simplifiant, en nivelant, a fortifié; le temps dira, si c'est le peuple ou le pouvoir. A défaut de constitution de lois, il y avait une constitution de mœurs, des liens de famille, des notabilités sociales. Que sont devenues toutes ces garanties? Une ou deux voix de plus dans chaque chambre, voilà ce qui décide de notre sort. Aujourd'hui, trouverait-on ces dix-sept gentilshommes bretons qui accoururent auprès du ministère Loménie, suivis par le cortége de la noblesse de leur pays, se pressant autour des murs de la Bastille? Où est ce parlement de Bordeaux, venant arracher à des courtisans les concessions faites par un prince trop confiant, parce qu'il trouvait la sincérité dans son propre cœur? Où est ce public de Paris, ce public de tout rang, de tout sexe, de tout âge, passant les jours et les nuits dans les salles du Palais, à l'époque de la Cour plénière, ce public couvrant les routes de Paris à Versailles, et assiégeant pendant trente mois, sans fatigue, sans relâche, les avenues de l'Assemblée constituante? Où sont les notabilités sociales avec lesquelles le pouvoir comptait, et devant lesquelles il s'arrêtait? Elles ont fini avec Mme. de Staël. Napoléon lui-même avait vu en elle une puissance, et une puissance supérieure à quelques-unes de celles dont il avait triomphé. Aujourd'hui tout est déliaison, isolement; on se touche, on ne se tient pas. Le monde est vide, décoloré, les choses immenses; les hommes de petite stature, la liberté écrite, connue par principes; refusée ici, là oblitérée; deux mondes sociaux marchent de front en sens contraires; toute notabilité a disparu. L'Angleterre est encore plus dépourvue que la France : le parlement britannique languit, veuf des Fox, des Burke, des Shéridan, des Romilly, comme le parlement français l'est des Mirabeau, des Vergniaud, des Manuel, des Foy ; et toutes les grandeurs de cette révolution, réformatrice de l'univers, se réduisent, en Europe, à deux hommes, Mirabeau et Napoléon. Ainsi, sous la main d'un habile ouvrier, les deux extrémités d'une chaîne se réunissent dans un nœud éclatant, d'où des pierres précieuses font jaillir des feux qui effacent tous les autres[1]...

---

[1] Aux deux extrémités de la révolution, Mirabeau et Napoléon apparaissent comme les colon-

Chez nous, comme dans l'étranger, quoiqu'à des degrés différens, il peut donc y avoir lieu au problème proposé plus haut, celui de l'inégalité de l'éducation intellectuelle et politique avec la liberté réelle; et sous quelques rapports, M. de Metternich n'aurait-il pas raison, à l'égard

---

nes d'Hercule, que nul ne dépassera. Ce sont des hommes d'élite dans l'humanité, des privilégiés de la nature, auxquels elle a départi la faculté de saisir l'esprit de leurs semblables, et d'imprimer une direction à leur temps. Pitt a été un administrateur rare, un grand ministre anglais; mais il s'est égaré sur le fait de la révolution, pour ne l'avoir mesurée que sur l'échelle des intérêts britanniques; Burke le lui a reproché. A la guerre, à la tribune, dans le cabinet, les talens n'ont pas manqué, mais à une grande distance de ceux de Mirabeau et de Napoléon; les grandeurs perdent de leur élévation à côté des colosses.

de la France, comme il ne l'a que trop pour l'Italie et l'Allemagne? Ce problème restera indécis jusqu'à la solution des questions suivantes :

1°. Qu'entend-on par le mot religion que sans cesse l'on invoque? Est-ce le sentiment religieux qui porte tous les hommes à honorer la Divinité, et, pour lui plaire, à pratiquer les vertus dont elle est la source et le modèle, ou bien est-ce un culte particulier avec ses attributs et ses exigeances légales?

2°. Comment une religion est-elle *religion de l'état*, lorsque dans l'état elle ne confère et n'ôte aucun droit, pas même la participation à la confection des lois, et lorsque l'état, reconnaissant l'existence légale des autres religions, paie les professeurs qui enseignent que cette religion est fausse?

3°. Qu'est la responsabilité ministérielle, individuelle, avec l'initiative royale, un conseil commun habituellement présidé par le prince, et hors de la direction entière imprimée par le ministère?

4°. Que faut-il entendre par les mots concussion et trahison, et dans ces limites y a-t-il suffisance pour une responsabilité efficace?

5°. Quelle est la compatibilité du gouvernement représentatif avec les influences inévitables, parmi nous, d'une grande cour? L'Angleterre n'en a pas.

6°. Le gouvernement représentatif peut-il se soutenir sans un système de mœurs correspondant?

7°. Comment le gouvernement représentatif peut-il marcher sans une majorité certaine et volumineuse, et comment, parmi nous, pourra-t-elle se trouver avec le double vote?

8°. La conformité des opinions sur les points fondamentaux n'est-elle pas de rigueur dans le gouvernement représentatif? Comment marcher vers le même but, le bien public, quand on ne s'entend pas? Nous entendons-nous?

9°. Que serait une majorité réelle du côté de l'opposition, et jusqu'à quel point serait-elle soufferte?

Voilà d'importans sujets de méditation, dont la solution est très-supérieure à ma faible raison, ce qui me porte à inviter à s'en occuper les hommes bien plus éclairés que moi.

Si la lettre publiée à l'époque de ma démission n'en a pas suffisamment indiqué les motifs, cet écrit suppléera à ce qui lui manquait. J'ai toujours pensé qu'un homme d'honneur devait se retirer d'un conseil dont la direction lui paraît s'éloigner de ce qu'il croit propre à servir, et que dès lors sa présence est plus nuisible qu'utile : que l'on souffre que je dise ici qu'il y a beaucoup de douleurs à ressentir en regardant gâter des affaires, qu'il serait facile de conduire à bien, en se bornant à les diriger d'après leur nature propre; mais, chez nous, ce n'est pas l'usage; aussi sommes-nous dans une position indéfinie et indéfinissable, depuis quinze ans occupés à faire et à défaire, et, comme dans les fièvres intermittentes, passant alternativement des crises aux relâches, et des relâches aux crises.

FIN.

www.ingramcontent.com/pod-product-compliance
Lightning Source LLC
LaVergne TN
LVHW011946220826
846092LV00001B/97